做滋养内心的事业，过有趣自在的人生。

OKR
自律工作法

陈羽洁（嘴嘴）　著

法律出版社
LAW PRESS·CHINA
——北　京——

图书在版编目（CIP）数据

OKR自律工作法 / 陈羽洁著. -- 北京 : 法律出版社,
2023

ISBN 978-7-5197-7846-0

Ⅰ. ①O… Ⅱ. ①陈… Ⅲ. ①自律—工作方法 Ⅳ.
①C933.41

中国国家版本馆CIP数据核字（2023）第069884号

OKR自律工作法
OKR ZILÜ GONGZUOFA

陈羽洁（嘴嘴）著

策划编辑 张 岩
责任编辑 张 岩 程鹏瑶
装帧设计 臧晓飞

出版发行 法律出版社
编辑统筹 重大项目办公室
责任校对 王 丰 郭艳萍
责任印制 吕亚莉
经 销 新华书店

开本 A5
印张 6.75 字数 90千
版本 2023年9月第1版
印次 2023年9月第1次印刷
印刷 三河市兴达印务有限公司

地址：北京市丰台区莲花池西里7号（100073）
网址：www.lawpress.com.cn
投稿邮箱：info@lawpress.com.cn
举报盗版邮箱：jbwq@lawpress.com.cn
销售电话：010-83938349
客服电话：010-83938350
咨询电话：010-63939796

书号：ISBN 978-7-5197-7846-0
定价：39.80元

凡购买本社图书，如有印装错误，我社负责退换。电话：010-83938349

PREFACE
序　言

实用的工具，温暖的爱

嘴嘴是那种初次见面就能给人留下深刻印象的美丽姑娘，再走近她，多一些了解时，便又多一些惊喜。

2020年年底，在创业营的课堂上，我望向满屋子学员的时候，一眼就看见那个眼睛大大的、眼神清澈的姑娘。她那么美丽，那么专注，那么认真，这样的印象深深地印在我的脑海里。后来几次见面，发现她一次比一次更懂得自己要什么，以及怎么去实现。直到最近，突然发现她在自己的人生选择、事业、家庭关系等方面，都进入了特别好的状态。她已然从我最初认识的那个刚辞职没多久正在找方向的小女孩，进化成为一名不断升级自己商业模式和不断打造自己组织力的独立创业者。她建立了非常独特的社群生态品牌“自由森林”，成了闪闪发光的“大IP”。这三年她的成长，可以说是一日千里，就是那种几天不见，就好像变了一个人的感觉。无论是商业思维、内容创作能力，对这个世界本质的认知，还是自我的亲密关系，她在各方面都有大幅度的提升。

我隐约知道，她有一套秘密武器，但是具体是什么不是那么清晰。看完这本书我才发现，原来一切都得益于她自己的这套OKR[目标O（objective）和关键结果KR（key result）的统称]系统。去年我得到过嘴嘴的一次OKR私教，她问我今年的OKR是什么，我说感觉好多事啊。经过她的梳理，我发现事情变少了，然后按照她讲的节奏往下做，发现真的很管用。减少很多没用的事情和动作，自己舒心开心，效益反而更好。原来OKR有化繁为简的优势！

有了之前的体验，我怀着好奇的、期待的心情读完这本书。非常神奇的是，这不是一本刻板的工具书。我是工具书的敌人，一般情况下看不进去工具书，但是这本书我一气呵成读完，非常过瘾。这本书妙在，清晰的工具和方法背后，处处是人生，处处是爱，是嘴嘴对这个世界的爱，对粉丝的爱，对读者的爱。这真的堪称是一本职场人、超级个体及创业者的必备神书！

读了这本书你会发现，原来做好自己的事业，过好自己的人生，都是有迹可循的。书里面最厉害的，是自律，是轻而易举的、心甘情愿的自律；是规则，是让你更加自由的规则，更加轻松的规则。不像有些工具书那样，让你给自己制定很多很多目标，拆解很多很多动作，最后手忙脚乱什么也做不成。本书是从深层次的、内在的愿景，对理想的生活画面的描述，让你的内在产生最本源的动力，从而去制定通往你理想画面的一些路径和要做的事情。这时候，工作就不再是为了填充自己的时间，计划也不再是碌碌无为的目标清单了，而是通往自己理想生活的一条条路、一个个交通工具。当我们真的内心充满向往，一路才不会累，这既是为愿景和梦想去努力，也是享受所有努力的过程与当下的美好。这真是一个非常非常妙的思路，嘴嘴之所以能创造出如此独树一帜的OKR自律工作法系统，得益于她自己一直在成长、在探索。

像嘴嘴这样的“90后”，从小都会思考自己到底要什么，想成为什么样的人，做什么事情有热情、有心流，相信很多读者和她有同样的想法。而她刚好又非常擅长总结和呈现她自己的思考和方法论。同时，在实用的工具之外，还传递着她的爱，她说写这本书，打磨了快一年，我想她最大的动力就是，希望每个人都因为她而生命质感变得更好一点，生命的自由度更高一点，幸福感更强一点吧！书如其人，从生命的维度、人生的维度、成长的维度、家庭的维度、财富的维度、事业的维度、关系的维度等，在每一个维度上如何去提升自我的创造力？她怎么说的，就是怎么做的；她怎么做的，她就是怎么说的。所以，她亲身体验下来的宝贵经验，非常值得我们去学习。

新商业女性创始人：王辣辣

2023年3月

INTRODUCTION
导 言

OKR自律工作法，心想事成的秘诀

我们身体和灵魂的健康，都取决于我们选择的生活方式、我们对环境的感受和所怀的感悟。

——［德］扬·贝克尔

两年前的某一天，我坐在从北京到深圳的某班飞机上，身在高空中，感受着飞机出没于白云间，我突发奇想，感觉这仿佛就是一种隐喻：一架飞机，几小时后，必将到达期待的目的地，一路飞行，也收获一路风景。那可不可以有个心想事成的人生呢？

于是，我开始梳理我过去的人生轨迹。那时我刚从工作了6年的国企辞职，开启了作为互联网创业个体的第一年。虽然身边人都在评价我勇气可嘉、敢想敢做，但是只有我自己知道，心里有多少遗憾。那些遗憾，是一些一年、两年过去后，仍在耳边回荡且音量越来越大的事情。比如，我在两年前信誓旦旦地说：我要从现在开始，每天坚持写作，两年之后出一本自己的书。两年过去了，我写下的却只有一条条朋友圈，距离写书还有十万八千里。

不仅是我，身边的不少伙伴们也是如此。比如，有一位伙伴在很久之前就跟我说过，她想做一个赋能妈妈的圈子，但是一年过去了，她每天依然只是投入在上班下班两点一线的生活里。再问她时，她略带遗憾地跟我说，那件事仍然是她发自内心的渴望，但每天不自觉地忙忙碌碌，却也碌碌无为，因为总是在忙着应对“一地鸡毛”。还有一位伙伴，他信誓旦旦地要做一个全国性的读书会，开头时兴兴头头的，就这样落地了两个月之后，效果没有立竿见影，加上涉及场地的租用、人员的召集，他的动力越来越不足，最终放弃了。为什么我们定了目标之后常常只能保持三分钟热度，要么虎头蛇尾，要么不了了之？为什么我们常常觉得困难往往比方法多?

于是我在想，有没有一种方法，能够帮助我和我身边依然有能力“做梦”的人，踏踏实实地、持续地朝着梦想前进、把目标落地，而不仅仅是热血沸腾时说出的豪言壮语，而时过境迁后只留掩面遗憾而已。我认真回顾了那一年我所了解和学习过的目标管理或时间管理方法，以及梳理了各种手册和手账，发现它们有一个共同点，那就是将人生分为几个板块，然后按照板块去列清单，之后再去一一实现目标。但是，这样太难坚持了，清单写几天就容易放弃。也就是说，没有一种现成的方法可以精准满足我自身的需求：专注完成目标或梦想。就这样，那天在飞机上的我，身体里有一个强烈的意愿：自己去设计。

一切都是呼之欲出的，仿佛我的“人生剧本”里早就写下了在那一天，我会做一件和未来事业息息相关的“大事”。下了飞机，在去酒店的路上，我打开了手机里电子笔记App，用20分钟设计出了能够让自己每天专注于目标的方法。那便是OKR自律工作法的雏形——记录每一天为梦想的付出，包括OKR的撰写、每天围绕OKR而定下的三项任务、每日复盘反思等。当时我并没有刻意去想背后深层的方法论基础，只是觉得这些步骤可以帮助我专注于梦想，于是双手顺着思想的流淌，敲出了一篇电子手册，在手册上设计OKR自查清单。那一刻我又有了新的发现：无论是实现目标，还是更好地管理时间，抑或进行自我反思与复盘，这些工具和方法都在为一个目的服务——帮助我成为更完整的自己，一个体验自律人生、心想事成的自己。

如果在你的眼里，OKR是用来制订计划的，那它也是充满魔力、充满弹性的计划表，它让人最大限度地支配和使用自己的时间，掌控自己的人生。在随后的两年里，我靠着实现一个个用OKR定下的目标，收获了过去不曾有的人生体验，并进一步探索OKR的原理和底层逻辑。越是深入钻研，越发现制定目标并实现目标，本质上不过是我们借由获得自律人生，并导向心想事成的“玩法”。制定目标是一个载体，它让我们诚实地面对自己，感受自己与世界的关系，向当下臣服。以心流投入，用热爱创造，从而让“自律”成为一种顺其自然的状态，并最终成为一种生活方式。制定目标，就好比打开了潘多拉魔盒，我们会在实现目标的过程中经历各种复杂的情绪，也会看到更多在别处的风景。因此，这种方法——持续制定目标并实现目标，尤其适合那些渴望在有限的生命中收获更丰富体验感的人们。有一点值得注意：实现目标，本身不是生命的意义所在，但想要创造自己独特的生命意义，有时却需要借助目标本身，并在过程中全身心投入和体验。

那么，我在人生28-30岁的阶段，用目标导向的“玩法”经历了哪些呢？

两年半以来，我用这套方法让自己实现了一个又一个过去不敢想的目标：我写了书、做了文创，成为一名自媒体博主、成立了自己的品牌、带着孩子过上了旅居的生活……不仅如此，我在这两年从线上公益打卡群做起，再到线上一期期的训练营，带着近千名伙伴用OKR自律工作法重新认识了目标，并用这套方法论找回了对梦想的掌控感。

感谢这些愿意相信我的伙伴们，让我得以在实践中不断打磨和优化这套方法。如今你通过本书了解OKR自律工作法的时候，这已经是此方法迭代优化了数次后的样子，且有了更多真实的、具体的案例支持。虽然我也不敢说这套方法已经足够权威，但是我很自信的是，它切切实实地帮助了我自己，以及上千名伙伴。践行OKR自律工作法，让我们重新思考和认识目标、重新认识OKR，并学会将注意力回归到自己身上，感受自己真正想要的生活是什么，并且给自己按下确认键。经过这个过程，让我们相信和肯定，若想活出向往的生活，变成自己向往的样子，是完全有可能的。

通过目标“借假修真”，注入臣服、心流、热爱的力量，让自律顺其自然发生。因此，心想事成，不再仅是一个美好的祝福，它可以成为我们的日常。

CONTENTS 目 录

OKR旨在推动我们去做那些你有能力做到的事情。如果我们的目标是在月球上安家，就算没有达成目标，也能领略另一番风景。

——[美]克里斯蒂娜·沃特克

第 1 章

认识 OKR 自律工作法

OKR的前世今生

OKR自律工作法，顾名思义，OKR和自律是两个关键词。除用OKR作为关键工具外，对于自律的重新定义也是本章的重点。

那次在飞机上回顾人生对我来说是个重要事件，在我意识到自己想了太多、说了太多，却无法付诸行动的那一刻，就好像第二次打开了自我觉醒的开关——第一次是下决心从国企辞职的那天——然而我没有想到的是，那天之后的我会如此"幸运"，并顺着心的方向做了一份"后劲"这么大的事业。

说自己"幸运"，是因为我在一开始就遇见了OKR。我最早接触OKR是读克里斯蒂娜·沃特克的一本书:《OKR工作法:谷歌、领英等顶级公司的高绩效秘籍》。OKR是个舶来词,其中O表示目标(objective),KR表示关键结果(key results)。简单来说,目标O就是你想做什么事情,关键结果KR就是如何确认你做到了这件事。按照年度、季度设置OKR都可以,但一定要关联上公司的愿景使命。通过那本书,我了解到了OKR这个工具可以代替关键绩效指标(Key Performance Indicator, KPI),OKR已为诸多大企业所践行,并且已经获得很多认可——首先是英特尔公司,后来谷歌、美国社交游戏公司(Zynga)、领英等公司都开始使用,且实现了持续高速的增长。

这个意义上的OKR工作法主要讲如何通过用好这个工具,从而在企业和组织中更好地实现管理目标。然而,我想,OKR这个工具能不能用于个人目标管理,或者成为个人梦想成真体系的一部分?所以我决定把所有与OKR相关的书都买回来阅读、研究,通过认真研究,并结合我自己的经历、经验和思考,果然发现OKR在方法和内容上对个人目标制定亦有特别好的借鉴意义。OKR这个工具从企业端降维到个体端应用时，会有不一样的发挥空间，尤其是更多的创造力与自主权。因为OKR在企业端的应用会受制于管理者的创造力、领导力、判断力等要素，以及企业文化等，这些是个人不能改变的外部环境。而对于个体应用来说，我们是自己人生的“CEO”，如果你具有上述个人特质方面的要素，OKR可以将你带至意想不到的高峰。

然而，个体的创造力与自主权并不源于工具本身，在有效的方法之下，借助工具却能达到锦上添花的效果。我们会发现，当一个个体拥有了时间自由与选择自由时，反而更需要强有力的方法来管理自己。在过去人们也许会用“自律”的生活方式来实现对自己的管理。而对于当代大部分年轻人来说，自律也许就意味着简单设定一份任务清单，然后一一去完成，这个过程需要完成很多“逆人性”的挑战。

在“实现目标”的整个过程中我们发现，目标，并不是靠“制定任务—执行任务—实现任务”这个简单的步骤就能实现，毕竟我们不是人工智能，不是靠输入程序，然后机械化逆着人性去执行。我们是有血有肉的人类，既然作为人类，就会有需求、有情绪，就会有相对复杂的情况要应对。当我们简单地用“自律”去概括一个人实现目标的能力时，未免就草率了些。更有甚者，会因为自己做不到坚持而陷入自我怀疑与否定，最后给自己贴上了“不自律”的标签。于是，我在之前那一版的工作法雏形的基础上，进一步探索并发现OKR自律工作法，它可以帮助我们重新认识“自律”。自律不需要时刻逆人性，而是在找回自我韵律后一种顺其自然的发生。

重新定义自律

自律一般意义上指自我约束，其本质上是一种要求，而不是一种可操作的方法。自律的人与不自律的人的最大差别不仅在于认知不同，更在于是否真的付诸行动。因此，在本书中，我将自律作为一个可以探索和落地的方法，来重新定义自律。自律，即自我韵律。我们不妨将它分为两部分来看："自我+韵律"。

首先来说"自我"，自我需要唤醒和觉察。《道德经》中说："知人者智，自知者明"，意思是了解自己，认识自己的人才是聪明的，也就是有"自知之明"。实际上，我们却往往容易忽视自我，缺乏对自我力量的唤醒和觉察。我曾经随机地问朋友们一些很简单的问题，如"你的核心优势是什么？""你的梦想是什么"，收到最多的回答是——"我还真的没认真想过"。当我们小的时候还有各种梦想，要成为作家、警察、宇航员……等长大后，日复一日地生活，竟然很少再想"梦想"的事儿了，也很少认真地考虑和面对自己的优势。李白的诗句“天生我材必有用”，既是一种浪漫的乐观主义，还是每个人面对自我，去了解自我的方法。每个人都有自己的天赋优势，有自己的热爱，有不同的使命。

自我是一个非常丰富的系统，细微具体的体现为像每天做什么这样的日常小事，宏大抽象的体现为如信念、思维、能力、知识等。但不管是细微具体的事情，还是宏大抽象的方面，如何找到自我、回归自我、对自我进行探索，本质是要发现我们把时间和精力都花在了哪里。探索自我，具体和抽象的维度都很重要。在探索的过程中，有两个词可以帮助我们——行为和热爱。第一个词是总结我们把时间花在了做什么事情上，回归到自我的日常生活，诚实面对自己所为是对自我的觉察；第二个词是找到真正自己热爱的事情，找到那些让我们甘之如饴的事情，那些我们废寝忘食也愿意坚持做下来的事情。通过探索寻找并面对自己内心真正喜欢的、跟自己天赋热爱擅长重叠的那件事情，而不是世俗意义上希望你去做的那件事情。我们可以把这两个词当作探索自我的着力点，它们能够帮助我们向内探索，去找到自我，回归自我。

其次来说“韵律”，韵律表现为节奏和规律，韵律是以自我为基础的。万物都有自己的生长韵律，大自然有其发展规律和法则，潮涨潮落，春去秋来。人类作为整体，有其生存和发展规律。人类个体也有自身的规律，找到了韵律，根据韵律而动，行动的阻力就会变小。我们类比一下熟悉的事物，比如我们要背诵一些无关的内容——云、雨、雪、风、晚照、晴空、鸿雁、鸟、虫……就非常难背诵，但是在《声律启蒙》中，“云对雨，雪对风，晚照对晴空。来鸿对去雁，宿鸟对鸣虫……”顿时就轻松多了，因为找到了韵律，内容变得朗朗上口，也容易记住了。背诵行为如此，其他行为也同样。

本书所强调的韵律重点在于：一是作息；二是自我管理中的时间分配。

每个人的基因不同，生物钟因而不同。因此，作息和生活节奏也不同，要找到自己的韵律，顺应规律做事。我们来试一下，把每个人每天各时间点的作息和生活中的精力分配用图来标注的话，那么就形成一张上下波动的图

（见图1），这个波动有一种我们在诗歌当中感受到的平平仄仄的、上上下下起伏的感觉，有一种律动感。

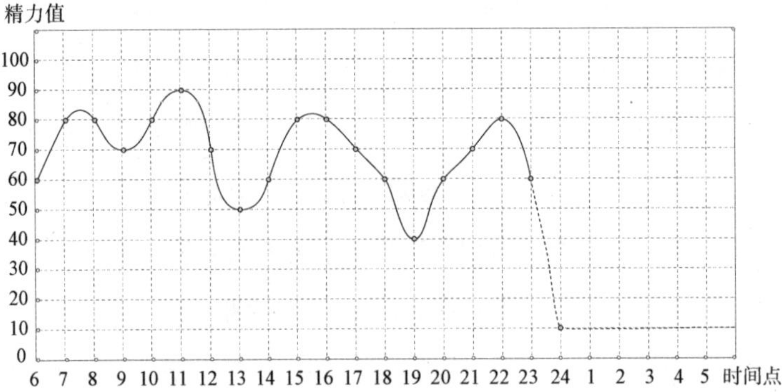

图 1　精力律动

因为每个人的作息习惯是不一样的，因而生物钟都是不一样的。有些人适合早起，早晨的效率特别高，而有些人适合晚睡，夜深人静的时候反而灵感时时光顾。科学家通过研究发现，每个人的生物钟因为不同的作息类型而不同，早起的人通常更早开始一天的工作，快速进入状态，而且能早些下班。这就给别人一种印象，这个人更好地利用了一天内有限的时间。相反，当其他人开始感到疲惫的时候，一些夜猫子们刚好处于最佳状态，这部分人通常会以更轻松随意的方式对待生活，并且有研究表明这些夜猫子的想象力和创造力会更强一些。这就是基因的不同，导致了生物钟的不同。我们不必看到成功的人早起，就学习早起，再看到成功的人晚睡，就自己也跟着熬夜。否则，我们可能会发现自己很疲惫，也很难适应。所以，对于像作息这样的日常细节，我们要意识到“自我”，要找到更适合自己的方式。

因此，韵律是反映自我节奏的，寻找生命韵律，可以将我们生活作息中的精力高点值、低点值连起来，从而找到我们自己生活上的节奏，而不要去盲目地跟别人做对比。

除了找到真正适合自己的作息习惯以外，在时间管理上也要注意轻重缓急。时间管理并不是平面化的，即它不该被切割成不同的板块后，分配给不同的事项。大部分人应该都有过类似的经历：同样是一个小时的时间，如果用在了我们热爱的事情上，并且在做这件事的时候是全情投入的，那么这一小时过完就像十分钟一样。但如果这件事是我们打心里抗拒或者无感的，那么这一小时相对前者而言就会“变得”漫长。因此，我们对于时间长短的感受是主观的。而所谓找到轻重缓急的韵律感，就是把一天中精力最高的时间，留给最重要的事项，即那些于我们而言需要专注完成的目标。

当我们认识到自律即是“自我与韵律”，接下来，我们要找回的也是两部分：找回自我与找回生命韵律。找回自我，即我们在初步制定好目标后，通过行动，不断修正与调整，从而逐渐看清自己更真实的目标。这个目标，不仅仅是指单方面的某一领域目标，而是人生各个主题和面向，是我们人生的终极课题。找回生命韵律，即当我们逐渐看清自己真实的目标之后，能够踏实付出与之相匹配的行动力，并且找到符合自己的规律和节奏，这就涉及具体的以时间管理为主的自我管理方法。当一个人找回自我与生命韵律后，自律就诞生了。随着自律的诞生，他会轻而易举拥有行动力，因为，每一步的背后都有强烈的自我实现意愿，每一步都在奔赴热爱与使命。

小行动

找到自我韵律

根据以下坐标图，试着去记录一天各时间点相对应的精力值，并进行打分，然后把它们连起来，找到自己的最高精力值点和精力最低值点。

在高精力值的时候，我们可以去做自己最重要的工作，而低精力的时候去做一些比较轻松的事情，从而找到自己一天生活当中的韵律。

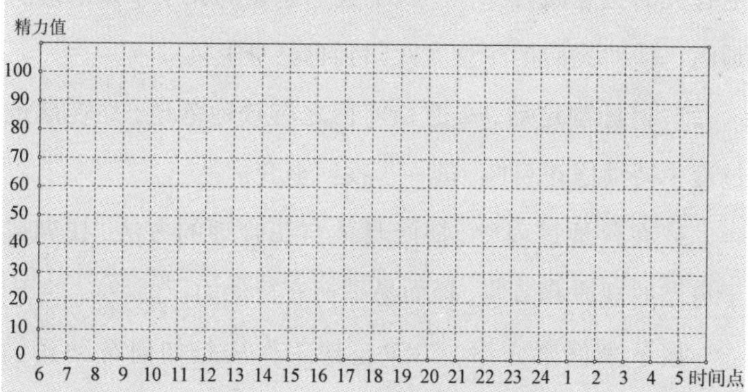

什么是OKR自律工作法

OKR自律工作法，是以平衡人生为最终目的，结合OKR目标管理与微习惯养成，通过每日行动拿到“三把钥匙”，最终收获符合自我韵律的工作与生活方式。

概括地说，OKR自律工作法可以助力一个人实现目标：

1. 掌握“OKR+微习惯”的方法来引导自己找到与人生有关的更全面目标——一个我们想象的关于未来的理想画面。帮助我们把注意力回归到自己身上。

2. 目标制定后，知道如何行之有效地落地，并在落地过程中持续修正目标，进一步找回自我。

3. 在落地过程中，搭配具体自我管理的方法，找到属于自己的规律和节奏，轻而易举拥有行动力。

接下来就来介绍，OKR自律工作法是如何帮助我们实现这个画面的。为了方便理解，可以用一个公式来表达（见图2）：

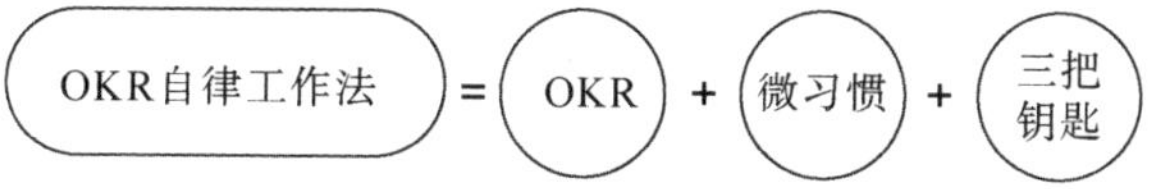

图2　OKR自律工作法公式

下面我们将从OKR自律工作法的三大特征、四项原则、五个步骤，来进一步理解什么是OKR自律工作法。

一、三大特征：专注性、挑战性、迭代性

首先来说专注性。请一定要记住这句话，在同一时间维度下（单年、单月、单周），一个人只需要一份OKR。一个人的注意力在哪里，回报就在哪里。将军赶路，不追小兔。每个人的精力都是有限的，不要用看似同等重要的多个目标去打散我们的精力，而是分清轻重缓急。没有一个人可以做所有的事情。OKR最本质的一个作用，就是帮助人们聚焦和专注在一个目标上。如果我们设置多个OKR，那么自然就会失去了聚焦的意义。

因此，我们需要在生命多个面向当中找到那个我们最需要聚焦的人生板块。根据这个板块的主题去设定年度OKR，再根据年度OKR设定月度OKR，最终用这一份月度OKR去落地。

其次说说挑战性。姚琼老师在《OKR使用手册》这本书里面说过，我们的目标需要让自己产生“不舒服的兴奋感”，我们所定下的目标需要富有挑战，并且是鼓舞人心的。“不舒服”意味着这个目标会为你带来一定的压力和挑战，但与此同时，“兴奋感”的产生又意味着它的实现会让你内心澎湃，为之激动。

很多人认为定下目标，就要百分百实现，因此目标都过于保守。当我们实现了一个过于保守的目标，它并不会为我们带来更多的兴奋感。因此，我们需要借助自己每一次定下目标的机会，给自己不断带来比预期当中更多的成长与挑战。《论语》有云：“取乎其上，得乎其中；取乎其中，得乎其下；取乎其下，则无所得矣。”因此，“平庸=不成功”。同时，切记目标也不宜过高，有道是“跳一跳可以够得着”，这样的目标实现起来略微吃力，但是也不至于不可能实现。所以，如果你写下来的这个目标不能给你带来一种“不舒服的兴奋感”，那么你需要重新考虑如何去制定一个合适的目标。

最后，对于个体来说，OKR是可以随时被迭代的。在这样一个充满"VUCA"(volatility，易变性；uncertainty，不确定性；complexity，复杂性；ambiguity，模糊性)的时代，变化才是常态。固定不变的计划是不可能的，不仅外部环境要求OKR随时迭代更新，其实，在制定和落地OKR的整个过程，也是我们不断地做内在探索的过程。内在探索并不是一个只靠脑子想就可以完成的动作，而是需要用行动不断地推进和检验。OKR自律工作法的核心灵魂是行动、行动、再行动。如果我们想知道自己的愿景与使命到底是什么，就需要我们拿着眼前这份写下的OKR尽快付诸行动，然后在行动之后持续复盘。一旦你这样去做了，大概率就会发现，你的OKR会持续地变化与迭代。拿着旧地图，找不到新大陆。在一次一次的变化和迭代当中，才会离自己内心的真实愿望越来越近。探索制定与行动落地、复盘迭代，形成一个良性循环(见图3)。

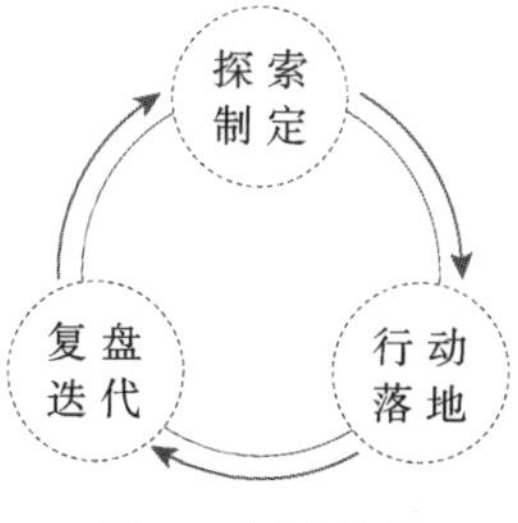

图 3　良性循环

二、OKR自律工作法的四项原则

OKR自律工作法的具体实践，必须遵循四项原则。

◎ 原则一：向内发问

我们在给自己制定目标前，要向内发问，感知自己想要的生活方式。

认识你自己，发现你自己，成为你自己，这些话似乎已经老生常谈，以至于我们常常对这些话熟视无睹，在此提醒一下，“认识你自己”，你一定要找到这句话最本真的意思，如同对待远古希腊德尔菲神庙的箴言。

有个关于一个记者采访放羊娃的故事，听起来似乎很幽默，当认真思考时，就像一个禅宗故事：

“你为什么放羊？”

“赚钱。”

“为什么要赚钱？”

“长大了娶媳妇。”

“为什么要娶媳妇？”

“生娃娃。”

“为什么要生娃娃？”

“长大了放羊。”

这个故事中的“放羊”也可以改成“读博士”“开公司”等，逻辑并没有变化。很多时候，我们只是盲目地跟随。但是，当认真思考时，却又产生疑问，这真的是我们想要的人生吗？

OKR自律工作法，是回归到每一个独立个体的身上。当目标O是自发的，执行关键结果KR便自带驱动力。

我们的人生，不仅仅有事业，也不仅仅有家庭，而是综合的、多面的、复杂的，任何一个人生板块都不能脱离其他人生板块而独立存在。因此我们在制定目标的时候，无法只单独拎出其中一个板块独立做设计，而忽略其他的生命板块。

为了尽可能地还原人生丰富的面相，我将其粗略地分为了五大板块，并用“生命星光轮”这个模型来表示，这五个板块分别是：外表与健康、事业与成长、财富与资产、能量与内在、关系与幸福。举例来讲，也许有人会在过去认为，此刻当下，最需要花时间奋斗的只有事业，但是在从第二章开始，我们会做一系列的探索，到那时候也许会有新的发现，比如找回生活中与各类关系的幸福相处之道反而对自己意义非凡。我们在这里并不是在讨论取舍之道，而是在制定任何目标之前借助工具从而看到更完整的生命可能性。

◎ 原则二：明确“真目标”

那些你以为的目标往往不是“真目标”。找到真目标其实不难，难的是我们往往无意识去找“真目标”，那么，你的真目标是什么？多问自己几个为什么就知道了。比如，翻牌率很高的一个目标是今年多赚一百万元。从这句话开始问自己为什么。为什么我想今年多赚一百万元？因为这样我就可以给家人换一个更大的房子。为什么我想要给家人换一个更大的房子？因为家里多了一口人，我希望大家的生活环境更加舒适和自在。为什么我想让家人活得更加舒服和自在？因为我向往的生活就是一家人在一起可以轻轻松松没有压力，每个人按照自己喜欢的方式生活。

说到这儿你会发现，当我们多问自己几个为什么之后，通过回答描述出来的那幅画面可能才是我们真正的目标，我们在本书里称为愿景，例如，在上面的例子中，愿景是全家人在一起自在生活。当我们看到最终的愿景画面之后，就会发现，也许并不需要完成我们事先设定的所谓的目标，也可以通过其他方式来实现。比如，就全家人一起自在生活这幅愿景画面来说，乍一看，就好像跟最初的目标——多赚100万元之间没有太直接的联系。找到真实的愿景和目标之后，我们才能看到更多能够实现它的路径。例如，逃离生活节奏快的大城市，换到一个生活成本更低的城市，也是一个选择，而如今也确实越来越多人在这样做。

◎ 原则三：目标愿景化

愿景是十年期的目标，目标是一年期的愿景。我们刚刚有提道，其实、真正的目标是一个具体的愿景画面，因此目标和愿景，本质上没有较大的区别，区别在于时间维度的长短。在本书当中，我们将十年期的目标称为愿景，而将一年期的愿景称为目标。

在探索的顺序上，我们会先去探索十年期的愿景，再根据十年期的愿景去倒推我们眼前的目标。在这个过程中，有一个特别有效的简单方法，即当我们不确定眼前这件事情是否需要做的时候，不妨把眼光拉到十年之后。站在十年后的自己去回看当前，你心里自然会有答案。这就是为什么我们探索目标要先从十年愿景开始。

◎ 原则四：逆向思维

OKR自律工作法的底层逻辑是：先探索出未来的愿景画面，用愿景画面去倒推眼前的目标，用我们想要实现的那个目标去倒推需要拿到的三个结果，用结果再去倒推行动。简言之，是用愿景倒推目标，目标倒推结果，结果倒推行动。然而，现实当中，我们的惯性思维却常常是先用自己眼前要做的事情，模模糊糊地导向一个我们可以拿到的结果，再根据这个模糊的结果，去导向一个更模糊的目标（见图4）。因此，OKR自律工作法要求我们进行逆向思维，用底层逻辑倒推实际行动，这种逆向思维能够让我们想要的目标更科学、更清晰、更明确，从而更容易一个个地落地并实现。

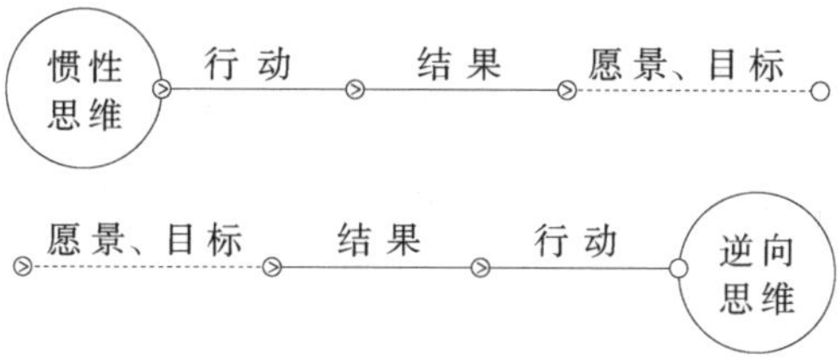

图 4　惯性思维与逆向思维对比

三、OKR自律工作法的五个步骤

OKR自律工作法需要按照五个步骤逐一进行。

步骤一，用愿景探索目标。

很多时候不是我们无法在实现目标的路上坚持，而是坚持了半天，反而变得更加迷茫，因为我们好像从一开始就不知道自己的目标是什么。如果站在当下去探索当下，我们看到的只有眼前这些应该做的事情。但如果我们把目光放得更长远，站在一个更高维的角度去看待我们现在所发生的一切，自己想要什么，就会变得更加清晰和笃定。因此我们会用十年愿景作为工具，来探索我们一年期的目标。

步骤二，用生命星光轮聚焦目标，并且只聚焦在一个OKR上。

生命星光轮可以粗略地涵盖我们生命的五个面向。正如我们前面所说，这五个面向都很重要，我们无法忽略其中一个，而只看待另外的四个。因此，我们在看清人生全貌之后，再来聚焦在其中一个人生板块上，那么这个板块对于我们来说，相对于其他板块是更加重要和紧急的。这个重要又紧急的板块上的目标，我们就用OKR去击破和实现。

步骤三，“OKR+微习惯”，让星光轮持续转动。

既要OKR发挥它的专注性，也要生命星光轮发挥其全面性，但是我们不能用五个OKR来大而全地去管理目标，而是需要分清主次。那么，我们可以选择其中一个重要又紧急的板块，作为OKR要击破的对象。另外四个板块上的目标，我们则可以用微习惯养成的方式来实现。也就是说一个OKR，加若干个微习惯，一起去实现相对平衡的人生。

步骤四，优化OKR的关键路径，让热爱成为日常。

在这个步骤中，我们将热爱与心流融入我们的OKR当中，这就意味着热爱的事情可以成为我们日常工作的很重要的一部分。当我们的目标既能发挥自身优势，又能结合自己的热爱，那么自律就变成了一件轻而易举的事情。

步骤五，每天拿到“三把钥匙”，用行动解锁结果。

我们不要陷入苦苦探索目标与热爱到底是什么的一个恶性循环当中，而是在制定了一个相对具有指导性和可行性的OKR之后就要去落地。落地占据整个OKR工作法里非常重要的一环。

“三把钥匙”理论中的“钥匙”也可以叫作“要事”，与畅销书《吃掉那只青蛙》中的原理是一致的，它要求我们每天优先完成和OKR紧密关联的三个关键任务之后，再去弹性地自由地安排一天当中的其他时间。通过行动，让我们的注意力持续聚焦在 OKR上，并在每周、每月固定的时间做复盘。这使得自己离目标越来越近，最终一个个地将目标实现。

在我创立桥水之初，如果你问我目标是什么，我当时会说是为了跟喜欢的人在一起愉快地工作。

——[美]瑞·达利欧

第2章

关于制定目标，也许你走进了误区

为什么立过的flag总是倒?

从这一章开始，我们就要开始对目标进行探索了。首先需要重新认识一下目标。

不知道你会不会像曾经的我一样，总是处在“间歇性自律，持续性焦虑”的状态。比如，当我定下了“每天早晨五点半起床”的目标(flag)之后，好不容易靠意志力坚持了一周，一个周末过去，又被打回原形。再然后，我还会制定“每天看书半小时”这个flag，但由于那时每天的时间安排都充满了不确定性，每次想起要看书的时候，都已经是关灯睡觉之时，只好叹气作罢，然后无奈地给自己下了个结论：我就是个不自律的人。

如果你也有过类似经历，那么极有可能你与

那时候的我定目标的风格都是差不多的：

在新的一年：

1. 成功减肥10斤

2. 看50本书

3. 多赚100万元

……

然后期待着在未来一年的某一天，可以在每句话的前面气宇轩昂地挑一个勾，以此来证明自己的价值感，获得自尊水平的提升。然而现实总是残酷的。拿我自己来说，不出两个月，我所写下的这些flag就被我忘得一干二净，偶尔想起，要么实行“鸵鸟政策”，让自己绝口不提，假装它们是它们，我是我；要么以“计划赶不上变化”为自己开脱，我眼前还有更重要的事情要处理，先放放再说。这一放，又是一年。

不仅仅是我，在我和身边伙伴互相交流彼此的目标时，我发现，大家的目标都出奇地相似，只不过那个具体的数字会有所不同。并且，我们也有相似的结局：眼看着这些flag一个个倒下却又不知怎样做。

立了flag，就是找到目标了吗？flag和目标到底是不是一回事呢？后来，当我用超然的上帝视角去看待自己，去审视整个过程、去询问自己的真实想法后，总结出来了三个flag立完就倒的原因：

第一，对于写下的内容不是那么笃定地想要，写了就忘。比如，看到别人运动，自己也想跟着运动，但是却不清楚这个动作背后真正的目的是什么。拿我举例子，让我到现在可以坚持一周做三次瑜伽，是因为我的腰背部疼痛的问题实在给我造成了困扰，我希望在未来可以摆脱疼痛的困扰；再者这样做也能拥有较好的体态，在任何一个场合都可以保持良好的气质。你看，当我脑海里出现了这样一幅画面时，自然会感受到我做这件事的必要性。而这幅画面，就可以是我们所说的愿景。

第二，制定目标的时候没有依据，目标要么过高要么过低，不切实际的目标都容易造成在前期放弃。比如，有些伙伴喜欢拍着脑袋说我想要在明年赚500万元，但是这个数字又很难禁得住推敲。算一算手里的赚钱方式，包括主业和副业，主业如果是拿固定工资就不用多说了。副业部分存在一定的浮动，取决于自己的销售能力。这时候用500万元除以产品的单价，所得出的数量，跟现有销售情况作对比，自然就会知道这个数字的合理性。因此，我们首先要根据现状制定一个比较有把握的结果数字，在这个基础上再去增加挑战性，再根据这个数字去倒推我们每一步的行动。

第三，在执行过程中缺少监督与正反馈，难以坚持。比如，如果我们习惯了把注意力放在那些还没有完成的事情上，而忽略了自己已经做的努力和拿到的阶段性结果，就会逐渐失去继续的行动力。一种方法是让这件事成为自己的热爱，那么就会在坚持上减少阻力；另一种方法是在自己不得不做的事情上，学会持续给自己正反馈，“自己看见自己”比外界的一切鼓励都来得更有力量。

综上所述，如果我们想要拥有立了就不会倒的flag，那么就需要有应对方案，也就是本书希望带给你的收获。俗话说，“常立志，不如立长志”，学会立长志后，上面提到的三点问题便可迎刃而解：

1. 自动匹配内驱力：写下的目标背后有个人愿景作

驱动；

2. 刚刚好的挑战性：每一个和目标有关的行动都是被倒推出来的，行动计划清晰有依据；

3. 自带行动力马达：搭配着行之有效的目标落地执行方法，并学会复盘，能够持续给自己正反馈。

认识真正的“目标”

在正式开始目标的探索之前，首先需要明确一点，那就是，世界上并不存在对所有人都适用的唯一正确的“目标”，就像没有什么权威可以定义人生一样。所有的目标，都不是一成不变的。因此，为了方便大家理解和区分，本书之后所提到的“目标”，专指OKR中的目标O，并不指目标这个词的普遍意义。

普遍意义上的目标，就是我们常常立的flag，让我们先回顾一下在上一节提到的过往常见目标——flag：

1. 成功减肥10斤

2. 看50本书

3. 赚到100万元

它们除了可以称为“目标”，还可以是什么？不妨先看看这两个词：行动、结果。当我们将目标、行动、结果三个词并列来看就可以更好地感受到其区别所在。以下是《现代汉语词典》中对三个词的定义。

目标：想要达到的境地或标准；

行动：指为实现某种意图而具体地进行活动；

结果：在一定阶段，事物发展所达到的最后状态。

因此，对以上三个flag，假如我们不称其为“目标”，它们还可以是如图5所示：

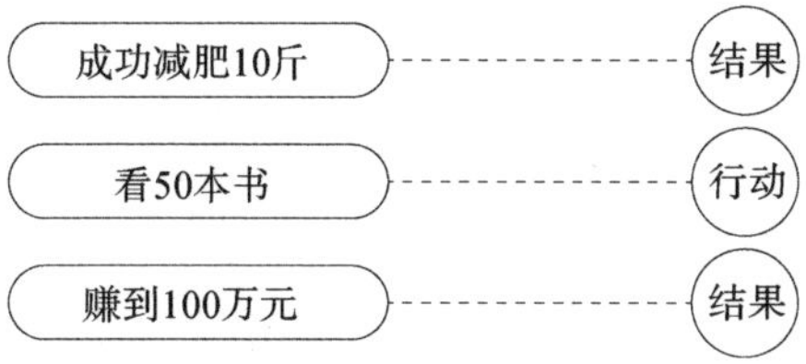

图 5　flag 本质

依此类推，我们在过去常见的“目标”，其实还可以是如图6所示：

图 6　常见的“目标”本质

从这里我们可以看出，行动和结果两个词其实可以涵盖大部分的flag，那么目标和这二者是什么关系呢？如图7所示：

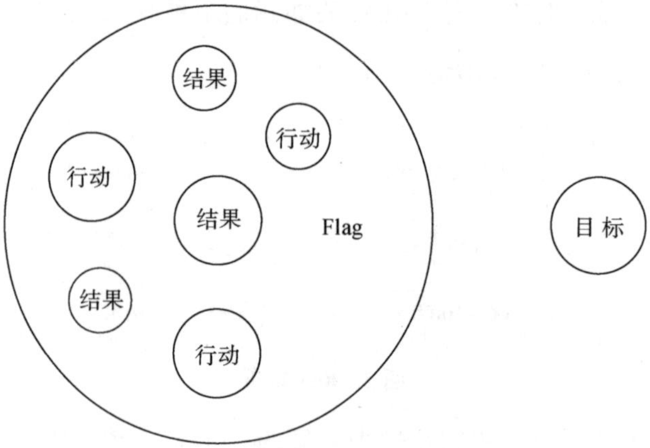

图7 Flag与目标的关系

拿“每天锻炼30分钟”来举例，这个行动是为了什么？为了实现成功减重这个结果。成功减重是为了什么，为了拥有健康有型的身体。假设拥有健康有型的身体就是最终想要实现的那个画面，即目标（见图8），那么不难看出，目标则是付出了行动、拿到了结果之后的最终目的。

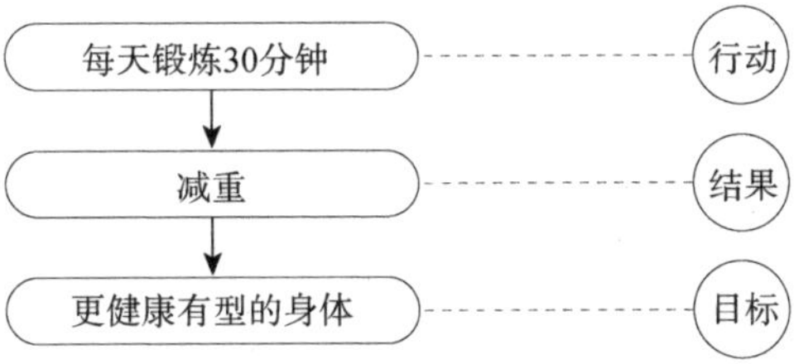

图 8　行动、结果、目标逻辑

如果人们把赚很多钱误当作最终目标，很可能人生中大部分的状态就是在为了钱而忙忙碌碌。但如果人们能找到自己内心最想活出的生命状态，并把它作为最终的目标，赚到钱反而仅是实现目标路途中顺便实现的一个结果而已。这就是找到真正目标的重要性。

拿我自己来说，在过去，我有很多停留在结果层面的畅想，而在实现这一个个结果之后，我的最终目的究竟是什么呢？这个问题的答案我从来没想过，它对于我来说是空白的。历经OKR自律工作法诞生和实践的过程，我意识到这个问题的答案非常重要，这就是为何我要认真区分目标、行动和结果。我写下的几乎所有的目标都可以用行动与结果两个词来涵盖。而目标，是出现在拿到结果的下一步，需要进入更深层的思考。而这正是OKR这个工具能帮助我们弥补的空白。

OKR的底层逻辑

根据一般OKR原理，OKR制定（见图9）按照这个逻辑展开：

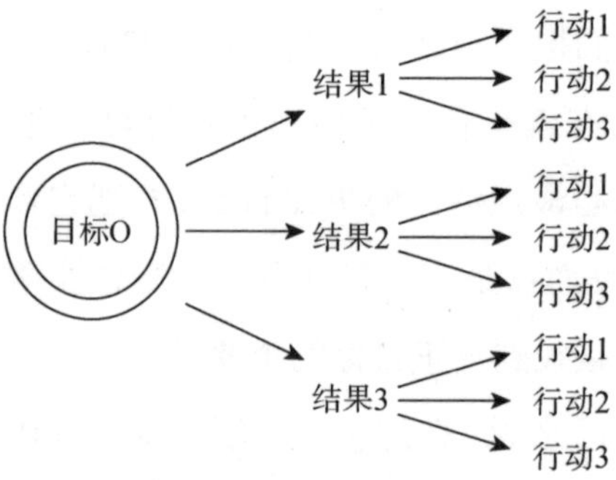

图 9 OKR 制定的逻辑

OKR自律工作法中的OKR，由一个目标O（objective）和三个关键结果KR（key result）组成。

先找到目标O，根据目标O确定三个关键结果，根据这三个关键结果分别再制定三个行动路径。即用目标倒推结果，用结果倒推行动。这样做的效果是，我们所确定的每一步行动都是由结果和目标倒推出来的，每一步行动都有据可依，而不是拍脑袋决定的flag，这样就能大大增加行动持久力和实现的概率。

比如，我曾经在参加一次线下活动的时候，有学员问我这么一个问题，他说："嘴嘴，我的朋友圈要怎么发才能有更多人点赞？"

我就问："你的朋友圈为什么想要有更多人来点赞？"

他说这样就证明他的朋友圈是有人看的。我又问他，为什么希望他的朋友圈有更多人来看。他说，那样的话，他就能够变现赚钱了。然后我继续追问他，"为什么你的朋友圈发出去，更多人看就一定能够变现赚钱，你靠的是什么呢"？对方就说不出话了，因为再往后的问题，他完全没有想过。他的思考只是要发出一条高点赞的视频，而这个是从行动层面去思考的，这并不是真的目标。

如果说我们一开始就有了一个清晰的愿景或者是目标的话，就会有很大不同。还以这位小伙伴为例，如果他的目标经过了认真的梳理和思考，而不是头脑一热想当然地立个flag，那么这样的目标对他才会更有意义。

比如，自己的朋友圈想被更多人点赞，不是因为点赞能换来直接的变现，而是更多人的点赞，是因为自己发布的内容对用户更有价值，用户通过他的有价值的内容，从而感受到他是一个值得信赖的人，经过一段时间的积累，最终也许就会为他付费。因此，琢磨如何发布对用户有价值的内容，才是他真正需要花时间的事情。对应着想要实现的结果，就可以是：发布30条对用户有价值、有共鸣的朋友圈，每条收获10个点赞。

又如，他的目标是影响更多的人来上文案写作课，让更多人能够获得文案写作的方法，以此为目标的话，去倒推它的三个关键结果，而其中的一个关键结果可以是通过发朋友圈吸引到50位小伙伴，关注到文案写作的重要性，有了这么一个关键结果之后，再去倒推他的行动路径，那么他自己就能够探索出来，我为什么要获得更多的点赞？这样的话，他便明白，自己想要点赞的背后其实是希望能够让大家意识到文案写作的重要性，那么，他便会知道如何发朋友圈，以及要怎么样去设计或者如何调动身边的资源了。

接下来，我们以某品牌主理人月度OKR的撰写为例，通过对具体的目标和关键结果、关键路径的探索和撰写，感受一下目标、结果与行动的关系，并厘清这个关系，从而体会进行区分的重要性和实用性。以下附一份某品牌主理人完整的月度OKR（见图10）。

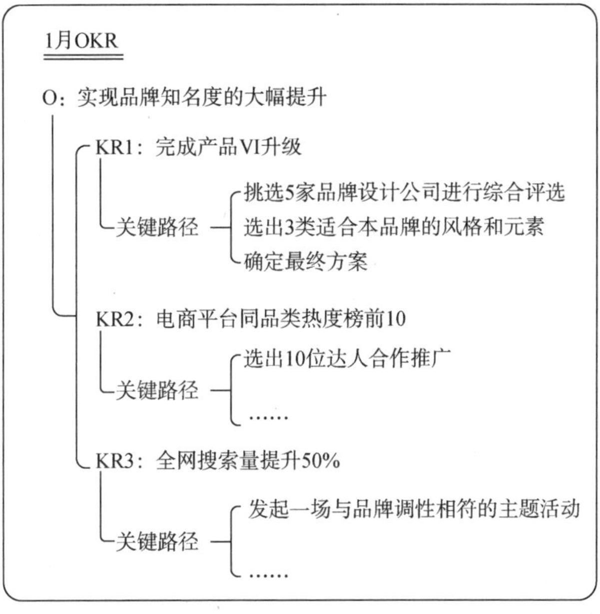

图 10　完整的月度 OKR 示例

每份KR都对应着一个关键结果，关键结果又可以倒推出3-5个关键路径，关键路径指的是实现这个结果可以调用的资源和可实行的方法。当具体到每一天落实时，再根据OKR确定当天要优先完成的三个关键任务，即我们在最后一章会详细说明的“三把钥匙”。

制定一份完美的OKR不是OKR自律工作法的目的，我们最后想要实现的，是拿着一份符合逻辑的月度OKR，并根据这份OKR确定每天的三个关键任务（见图11），坚持下去，最终离内心的真实愿景越来越近。因此，OKR自律工作法在OKR原本的“目标+关键结果”基础之上，为了对个人有更清晰的、更具有可操作性的行动指导，一步细化并丰富为：“目标O+关键结果KR+关键路径KW”。

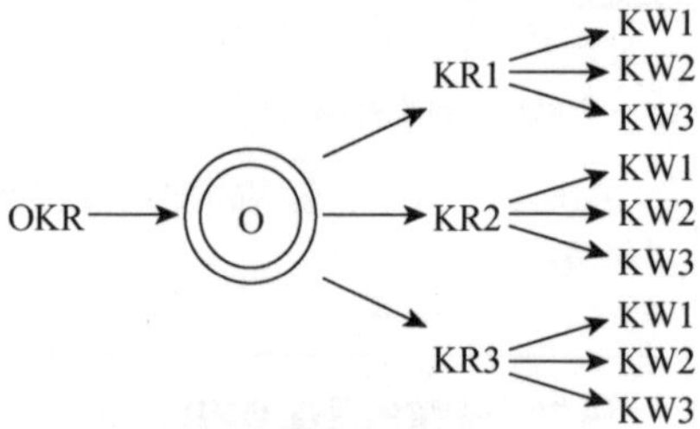

图 11　OKR 制定逻辑细化

如何找到个人目标

通过我们刚刚的讨论可以得知，根据过往制定目标的习惯，我们写下的大多是行动和结果，也就是我们所说的flag或者是待办清单，而对于在实现这些结果之后想要实现的最终愿景画面，却很少进行深入的思考或探索。

曾经的我，在读大学二年级的时候面临了一个选择：是在本科期间出国读一年大三，还是等本科毕业再出国读研究生。之所以纠结，是因为当时家里的经济情况只能支撑我二选一。尽管我从小就有个留学梦，但我也不想让父母背负太多本可以不属于他们的压力。那时的我在面临那个选择时很无助，身边没有一位可以提供建议的良师益友，父母也无法给我明确的意见，只说无论怎样都支持我，但往往越是这样，我承担的压力反而越大。就在我一筹莫展的时候，我问了自己一个问题，如果是十年后的我回过头来看此时的我，说了一句："还好你……"，这句话会是什么。就在这时，灵光一现，我脱口而出："还好你选择了提前出国体验留学生活，本科毕业后直接步入社会的经历对你来说更宝贵。”是的，其实那时的我，相较于大学毕业后的继续深造，更渴望尽早步入和体验社会生活。就这样，我连接到了差点被自己忽略的真实感受。

从那以后，我便明白了：当一个人不知道当下如何做选择的时候，不妨问问十年后的自己，眼前的纠结便会变得那么小，一念之间便可用感知力连接到内心深处的想法，并用直觉做出选择。

如果我们想要知道未来一年想要实现的愿景画面，就需要看到有关愿景更多的全貌。试想一下，我们站在自己所住楼房的10层往下看，能看到自己所住小区的大部分全貌，我们如果站在30楼往下看，能看到的就不只是自己小区的楼本身。在更广阔的视野中，还能看到自己生活的大部分环境。这就是升维思考的力量。同样，当我们拉长时空维度，如果我们清晰地知道自己在十年后想要的生活和十年后的愿景画面，倒推回眼前的这一年，就会更加知道针对当下的选择如何来做决定，这就是升维思考的结果。

在本书中，为了区分十年的愿景画面和一年的愿景画面，我们将十年的目标（愿景画面）称为愿景，将一年的目标（愿景画面）称为目标。二者代表了不同的时间维度，但它们都是我们内心投射在未来的一幅画面。

因此，确定目标的第一要素，是用长期的愿景画面去倒推近期的愿景画面，即用愿景——十年目标，去倒推一年目标。如果我们只是站在当下看眼前的那些事，能够想到的就会是一些清单化的行动：写完两篇报告、拍摄十条素材、完成本周公众号写作……我们的注意力如果被眼前的琐事占用，就容易陷入一个没时间思考未来的恶性循环中。

那么，我们拥有一个怎样的愿景，是什么决定的呢？

想一想，你是否还记得小时候那个会做梦的自己。不知道哪里来的勇气，小时候的我总觉得自己长大后会成为一个特别厉害的人，具体怎么个厉害法，倒也不清楚，只觉得我会站在一个很大的舞台上，让世界听见我的声音。但因为在成长中发生了一些事，导致我曾经有很多年都非常恐惧站在舞台上。渐渐地，这个梦想的声音在耳边变得越来越弱，甚至缄默。取而代之的是“我不够好”“我怎么可能”，甚至“我想都不敢想”……

我知道，如果我一直相信这样的声音，会很难在未来的人生道路上有所突破，也很难重新找回做梦的勇气。这个声音，我们称为“信念”。真正决定我们能否做成一件事的，不是我们是否拥有这个能力，而是我们拥有怎样的底层“信念系统”。

在《重塑心灵》这本书里，李中莹先生提出了“信念系统”的概念，他认为，一个人面对世界上种种事物的处理态度，所依据的正是他的信念系统。信念体系支撑着我们的行为模式。换句话说，信念是我们对这个世界的主观判断，而不是客观的。它的构建源于我们从小到大对这个世界的认知。就像如果我们从小生活在一个打压的环境中，老师和家长都在对你说，你是不可能做到的，时间一长，就会形成一个信念：我做不到，而这就是我们的“障碍性信念”。它阻碍了我们去畅想一个更加开放的未来。就好比，对于一个为家庭付出多年、与社会几乎脱节的全职妈妈来说，要让她相信自己可以在未来出国留学，或是独立创业，这种难度就会比较大。但是她真的没有这个能力吗？不，她只是需要一个新的信念：想要什么就去创造。《吉田医生哈佛求学记》这本书讲的就是这样一个故事：吉田医生本是三个孩子的妈妈，她在一边完成主业——妇产科医师的同时，一边拿到了哈佛的研究生录取通知书。并且，她在留学期间还怀了四胎，两年后成功取得了哈佛学位。这一切，最根本的是得益于她超强的信念感：想要什么先去做，遇到问题总会有办法解决。

想让我们重新拥有相信梦想的能力，最根本的就是将那些“障碍性信念”或者“限制性信念”：我不行、我做不到，替换成新的信念：我可以创造我想要的、我值得，等等。敢做梦，才是实现梦想的第一步。敢为自己定一个看似不可能的目标，才是实现目标的第一步。在我辅导过的训练营学员中，很多人在探索愿景时都卡在了“不敢”上：不敢相信这是可以的，因此连写都不敢写。因此，拥有属于自己的愿景，前提是一个人的信念。

想要打破现有的限制性信念，首先，我们需要先看到它们，然后，在行动中慢慢做信念的转变。没有一个百试百灵的方法可以将一个人一下子改变，但是我们可以选择每次都让自己有一点点的勇气“向前一步”。

对于恐惧舞台的我而言，从小到大我最害怕的事情就是上台。还记得6岁的时候上台表演电子琴，我拽着裙角，呆呆地看着台下，三分钟一动不敢动，最终也不知道这场表演是怎么结束的。后来，我恐惧一切公众表达，站在人前我就会大脑一片空白。但是，从我的心底、从我的潜意识里，又是那么渴望站在舞台上发光！那我到底要怎样从一个“我不可以”的自己，转变为一个“我是优秀的”自己？

不敢在大舞台上演讲，没关系，我可以先在社群里尝试表达；无法直接脱稿做分享，没关系，我写好逐字稿，然后一句一句地念。就这样，我每次都需要用一点点勇气，换来向前一小步。最终，我通过不断地正反馈，拥有了重启人生的勇气。我的信念系统，也在不知不觉中被更新了。

记住，信念不是一旦设定好就一成不变的。它可以通过我们每次给自己一点勇气，向前一小步，去改写和不断更新。

目标由愿景决定，愿景由信念决定。相比于常挂在嘴边的目标，往往被人忽略的是愿景与信念。因此，我们可以用“目标冰山图”（见图12）来表示：

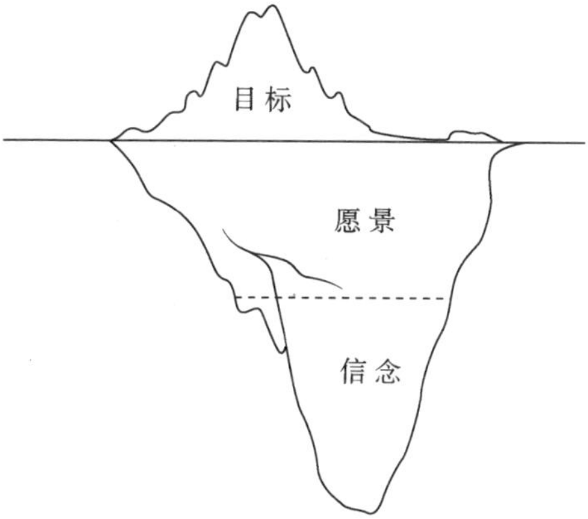

图 12　目标冰山

如果对日常发生的一切不加以觉察，我们就只能看到浮在表面的那个目标，或者是自以为的“目标”（实则是行动或结果），这时就需要继续往深层探索。看见信念、探索愿景，最后才是外求目标。下面，我们即将开启愿景的初步探索。

十年愿景的初步探索

你相信写下来的愿望更容易实现吗？心理学上有个著名的理论——皮格马利翁效应，说的是一个源于希腊的神话故事。塞浦路斯的国王皮格马利翁，擅长雕刻，他倾注全部心血完成了一个塑像。后来，皮格马利翁发现自己爱上了这个雕像女子，祈祷让女子来到人间。结果他的诚心最终感动了天神，天神赐予雕像生命，最后有情人终成眷属。这个理论形象地展示出了愿景的力量。有档综艺节目中，一位嘉宾常引用一句名言：灵魂的渴望是命运的先知。是的，我们对于自己期待的一切都具备一种能量，只要充满期待，事情就会向更顺利的方向发展。《牧羊少年奇幻之旅》一书中也有很经典的一句话："当你真心渴望追求某种事情的话，整个宇宙都会联合起来帮你完成。"以及被很多人熟知的吸引力法则，其实本质上也在讲这个道理。

接下来，我们想象一下，如果我们穿越到十年以后，站在更丰富的人生维度去做探索，我们想要哪种人生的可能性，那就多跟未来的自己对话，去找出并活出那样的可能性。

请给自己45分钟完整的时间，在这段时间中确保自己是安静且不被打扰的，可以给自己放一首舒缓的音乐，点上香薰，准备进入一段属于你的安静时光，去跟十年后的自己打个招呼。

请用文字，按以下思路来描述十年后你心里完美的一天是如何度过的：

十年后的你睁眼醒来，又是全新的一天，看看时间，现在是几点钟？起身缓缓走到客厅，环顾一下，你住在一个怎样的房子里？家里还有哪些成员？在镜子面前稍微停留片刻，镜子里的你是什么样子的？起床后，你一般会做哪些事情？

也许你会在送走工作和上学的家人之后，迎来自己的时间，你还在工作吗？在什么地方？和谁一起？你们的工作是否给这个世界带来了一些影响？或者说，是否给身边一部分人带来了一些价值？你如何安排自己的午后时光？……

到了傍晚，家人回到家中，你们会在一起做什么？几点入睡？

对于十年后自己的一天，需要把握几个关键点：

1. 描述得越具体越好，如果能搭配图片来辅助呈现自己意识里的那幅画面则更好。

2. 避免用将来时，而是多用完成时。比如，不要说“十年后，我将会拥有理想的体重”，而是要说“我已经拥有了理想的体重”。

3. 十年后完美的一天，是指日常的一天，而不是在假期和周末这种特殊的日子。要知道，我们大部分的人生正是由无数个普通又寻常的一天组成的。如果过好这些寻常的日子，意味着我们能够过好这一生。

下面是一份“十年后完美的一天”示例：

今天是2032年12月1日，普通的一天，但是嘴嘴将这一天活出了不平凡的样子，因为就像无数个刚刚过去的日子，今天依然可以无限创造。

清晨，嘴嘴睡到自然醒，摸了一下旁边的时钟，显示早晨五点半。起床喝了一杯温水，又喝了一杯咖啡。看着镜子里的自己，点了点头。镜子里的嘴嘴，外表跟30岁时几乎没有区别，身材依然苗条，并且有紧致的线条。接着，她来到了自己的小空间，开启了早上一个小时不被打扰的读书和写作的时光，奥斯卡（猫猫）时不时来蹭了两下。写作，有时候是写日记，有时候则是写书稿，那时候已经在用心准备自己的第三本书了。

心流时间结束，简单洗漱，开始为家人准备早餐。早餐很关键，嘴嘴会搭配好营养全面的餐食给孩子们和老公。吃早饭的时候，全家人在一起进行简单的交流，分享对于即将开启的一天，每个人会以怎样的状态去面对，以及对自己的那句肯定语。

送走上学的孩子们和上班的老公，嘴嘴跟奥斯卡独自在家，开启上午的时光。上午十点，打开电脑，先开个团队例会，每次例会都是很温暖的存在。嘴嘴此时的事业已经趋于稳定，有成熟的团队，大家有着清晰的共同目标——让“自由森林”成为影响更多人的百年品牌。提到“自由森林”，脑海里就是美好的、令人向往的生活。为了增加生活的趣味，嘴嘴会到全国各地参加线下活动、做演讲，同时自己每次也都在被这些活动场域所滋养。

到了下午，嘴嘴给自己准备了茶和小甜点或者喜欢吃的水果。准备开启下午的工作：核对脚本、拍摄。工作结束之后，开启了一个小时的运动，每周会有不同的运动：瑜伽或者打网球。如果当天时间充裕的话，嘴嘴还会弹弹琴。因为常年辅导兜兜弹琴，自己识谱和弹奏能力都有了很大的提升。

到了傍晚，迎接孩子们放学和老公下班。吃完饭后，开始了一家人各自的时间。兜兜已经高一了，不需要我再辅导作业，但是妹妹还在小学，需要嘴嘴花一些时间。在平时，如果孩子们作业完成得早，家人们会坐在一起共同读一本书，或者看一部电影。之后，彼此交流自己的感受。在这个家里，所有人都在用深深的爱包围彼此。

晚上十点，各自进入了睡前的流程里，倾听、分享、感恩。睡前点上香薰，跟另一半聊一聊下次去旅行的细节，今天嘴嘴决定读几页书。入睡前，看了一眼时间，是晚上十点半。

小行动

请按照引导，写下自己“十年后完美的一天”。也可以关注社群“自由森林”，收听音频里的引导语，协助自己更好地放松下来，根据提示，顺应内心的流动，写下属于你的完美一天。并请感受一下自己做完十年愿景的初步探索后，是否有一些觉察。提示可以考虑以下几个方面：

1. 是否在未来的工作画面会更加聚焦在某一领域，从而对当下有断舍离的提示。

2. 如果我们对于当下有某些“执念”，例如渴望在事业上实现某些突破，在对未来探索时，会不会有一些不一样的发现？

3. 在当下被我们忽略的某些方面，在对未来画面进行探索时，是否起到一点唤醒的作用？

思考完以上几个问题后，我们就要开始对生命更多的面向进行探索了。

________十年后完美的一天

在基因、成长环境和个人对环境的回应的共同作用下，每个人都形成了自己独一无二的专长。专长是一个人个性和身份的有机组成部分。一旦找到自己天生喜欢和擅长的领域，你就可以朝着这个方向持续前进。

——[美]埃里克·乔根森

第 3 章

心想事成的“想”：如何确定 OKR 的大方向

生命星光轮——收获平衡人生的开端

在我们刚刚写下的十年后完美的一天中，我们会发现，未来的那幅愿景画面，是多元化的，不限于在事业与财富上的成就，而是更多地回归生活本身。因此，我们对十年愿景的畅想包含生命的多个面向。如前所述，我将这些面向大致分为了五个板块，借由生命星光轮这个模型来表示，这五个板块分别是：外表与健康、事业与成长、财富与资产、能量与内在、关系与幸福（见图13）。

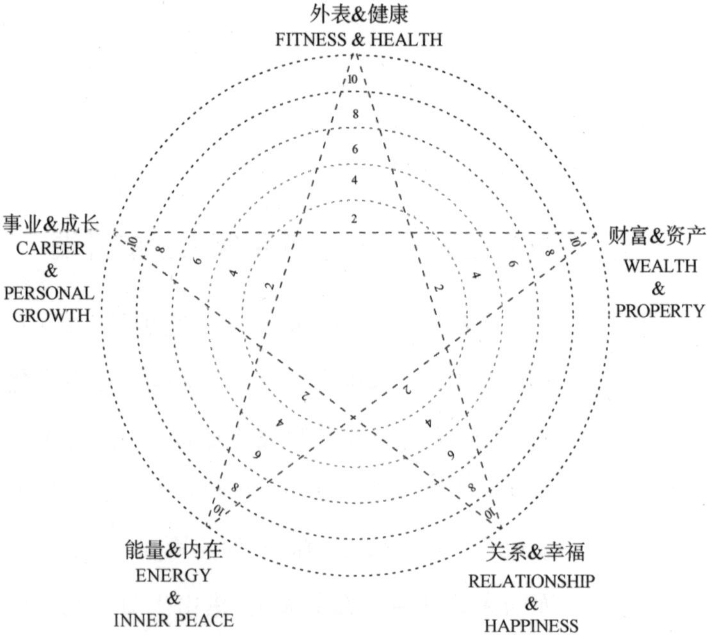

图 13　生命星光轮

正如五角星的各个角之间的相互关联，这五个板块之间也存在一定的联系，并不是脱离彼此单独存在的。例如，五个角中最上面的角代表外表与健康，意味着身体是一切的根本，失去了健康，我们在人生的其他体验中也会有所限制。事业与成长所对应的两个“角”为：财富与资产、关系与幸福。在这背后意味着事业与财富之间有着相辅相成的关系，事业上的成长会促进财富的增长，与家人和身边事业伙伴之间的良好关系，也会促进事业上的进步。我们可以用这幅图提醒自己，不要忽略任何生命板块的成长，正是生命的各个面向全面发展得以塑造出完整的自己。每个人生来本自具足，正是这样的信念，指引着我们走向最终的圆满与平衡。生命星光轮里的各个面向进一步描述为：

外表与健康：健康的身体是我们生活和工作的基本要素，它包括外在与内在两个方面。外在体现在身材、样貌、体态等方面；内在体现在各个器官是否正常运行，身体机能是否处在正常的水平，抑或亚健康的状态。并不是说人人都需要有一个模特身材，而是不妨想想，当我们站在镜子前，是否喜欢和接纳这样的自己，以及平时是否受身体上疼痛以及其他不适症状困扰等。

事业与成长：现在正在做的事业（无论是主业还是副业）是否是自己发自内心热爱的，这份事业目前在个人成长上是否有辅助提升的作用。注意，事业上的成长有时与财富不能成正比，有时需要一个人在事业上有较长时间的积累，才能开始有财富的显著增加。

财富与资产：财富自由不等于赚钱能力，而是在于是否具备一定的财商思维，是否会管理个人资产。因此，这里表示的是综合财务状况，如果我们未来的目标是实现财务自由，那么就需要被动收入大于支出。而被动收入的获得需要前期主动收入的积累，并学着让收入变为资产，从而让钱生钱。可以简单理解为该板块着重被动收入的构建，而事业与成长板块着重前期创造主动收入的能力。

能量与内在：一个人能否做成一件事，很多时候是由其内在能量决定的，而不仅是能力。有些时候明明我们学了很多、知道很多，但是当面对各种各样问题时，总是容易陷入反复的内耗，这就是能量不足对于一个人的影响。我们在上一章通过目标冰山图所展示的信念问题也与此有关。

关系与幸福：人作为社会动物，每一天要面对的就是各种关系问题。我们与伴侣的关系、父母的关系、子女的关系、事业伙伴的关系等。而关系上的幸福与否也一定程度上影响着自己在事业上的发展，影响着我们与财富间的关系。因此，不妨通过处理关系上的各种问题来不断照见自己，把每一段关系都变成美好的关系，也可以成为我们美好未来的一部分。

接下来，我们可以尝试为这五个板块打分，分别写下当下以及一年后所期待的分数（见表1）。满分10分。值得注意的是，打分没有统一的标准，这个标准只与自己的内心有关，是相对主观的行为，因此不需要用客观的测评表作为分数依据。对于五个板块的评估范围参考如下：

外表与健康：面对自己腰背疼痛的问题，我目前已经采取的行动是每周两次瑜伽和有意识恢复正确的坐姿，有了一点明显的成效；对于自己身材与面部状态也在认真维护和保养，我选择给现状打6分。一年后打8分，因为我希望腰背疼痛的问题能得到改善。

事业与成长：通过借助OKR自律工作法，我找到了热爱的工作，与生活融为了一体，并一切按照目标稳步进行中，在事业上也有明显的成长与收获，我选择给现状打7分。由于对未来一年事业上的目标比较清晰以及具备一定的信心，因此，一年后事业板块可以到8分。

财富与资产：目前有较稳定的主动收入创造能力，但是在开销方面还需要更加有规划，目前处于能赚能花的阶段，但是已经在做固定的理财与投资，我给自己打5分。一年后希望建造自己的收入管道，[①]并且管理好支出，持续“养大”钱生钱账户，因此，给未来一年打7分。

能量与内在：在刚刚过去的一年中，借助亲密关系的课题，自己花了很多精力在能量的提升上，并且当下拥有了较为稳定的心力，我选择给自己打8分。未来一年依然会遇到一些需要我去面对的挑战，希望能够直面挑战，让自己提升到9分。

关系与幸福：我在家庭亲密关系的问题上得到了很大的突破，给现状打6分。未来一年希望家庭亲密关系上能有更大的突破，希望一年后可以达到7分。

---

① 这里的管道，引用《管道的故事》中的“管道”。书中以一则故事揭示走向财务自由和拥有财富的秘密——为了把水缸装满，选择每日提桶去取水，还是选择去修造管道。

表1　生命星光轮五大板块打分说明

五大板块	当下状态分数	一年后状态分数	说　明
外表与健康	6	8	该板块包括外在与内在两个方面。外在体现在身材、样貌、体态等方面；内在体现在各个器官是否正常运行，身体机能是否处在正常的水平，抑或亚健康的状态。一个简单的测试，当我们站在镜子前，是否喜欢和接纳这样的自己，以及平时是否受身体上疼痛等其他不适症状困扰
事业与成长	7	8	现在正在做的事业（无论是主业还是副业）是否是自己发自内心热爱的，这份事业目前在个人成长上是否有辅助提升的作用。注意，事业上的成长有时与财富不能成正比，有时需要一个人在事业上有较长时间的积累，才能开始有财富的显著增加
财富与资产	5	7	财富自由不等于赚钱能力，能否实现财富自由在于是否具备一定的财商思维，是否会管理个人资产。因此，这里表示的是综合财务状况，如果目标是实现财富自由，那么就需要被动收入大于支出。可以简单理解为该板块着重被动收入的构建，事业与成长板块着重前期创造主动收入的能力

续表

五大板块	当下状态分数	一年后状态分数	说　明
能量与内在	8	9	一个人能否做成一件事，很多时候是由其内在能量决定的，而不仅是能力。有些时候明明我们学了很多、知道很多，但是当各种各样问题出现时，总是容易陷入反复的内耗中，这就是能量不足对一个人的影响
关系与幸福	6	7	人作为社会动物，每一天要面对的就是各种关系问题。我们与伴侣的关系、与父母的关系、与子女的关系、与事业伙伴的关系等。因此，不妨通过学着处理关系上的各种问题来不断照见自己，把每一段关系都变成美好的关系，让这些关系成为我们美好未来的一部分

小行动

1. 请结合我们在上一章写下的“十年后完美的一天”，去为自己的生命星光轮打分。分别给此刻的状态与一年后想要达到的状态打分。如果当下是6

分，一年后的期待分数是 8 分，那么可以在下图写下目前能想到的有哪些可执行的行动。

我的生命星光轮分数与行动			
五大板块	当下状态分数	一年后状态分数	行　动
外表与健康			1. 2. 3.
事业与成长			
财富与资产			
能量与内在			
关系与幸福			

2. 根据自己打的分数，在图上画出相对应的生命星光轮。一年后的五角星用不同的颜色来标注。见图示：

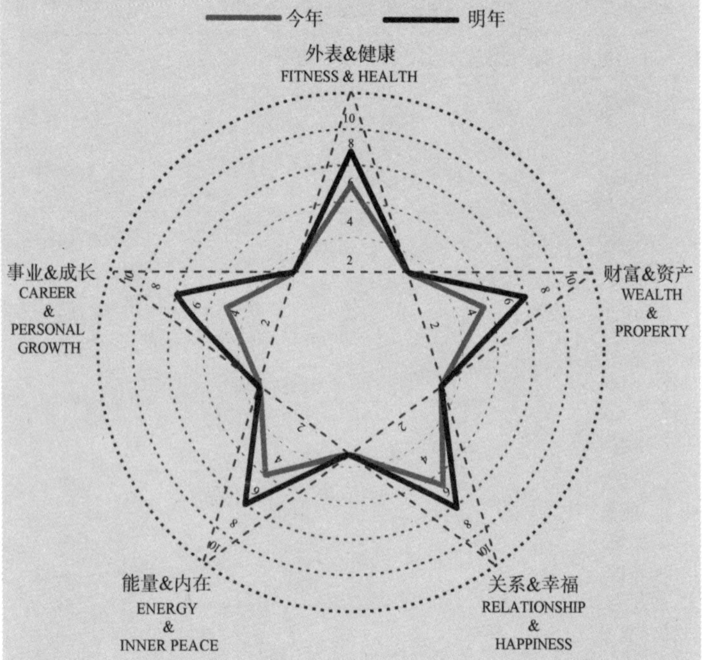

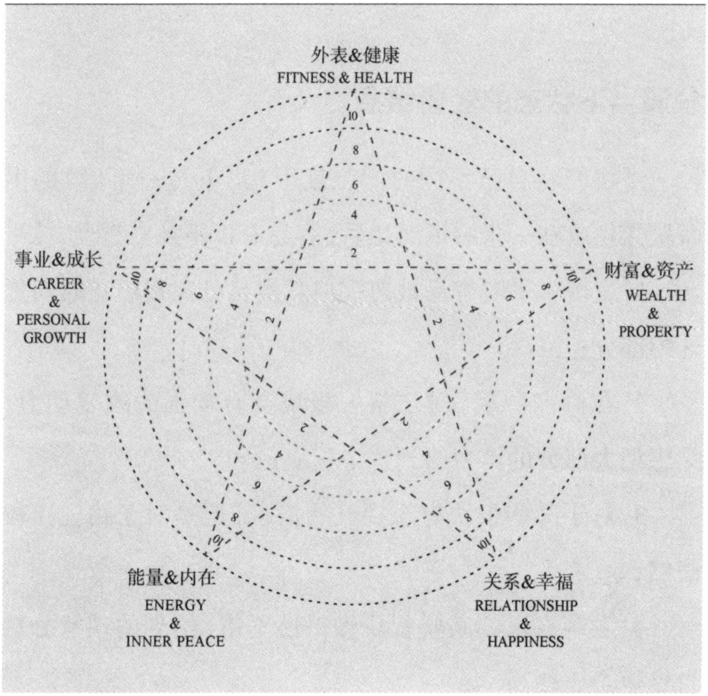
外表&健康
FITNESS & HEALTH
事业&成长
CAREER
&
PERSONAL
GROWTH
财富&资产
WEALTH
&
PROPERTY
能量&内在
ENERGY
&
INNER PEACE
关系&幸福
RELATIONSHIP
&
HAPPINESS

分清当下状态的轻重缓急

当我们将自己不同时间维度下（当下与一年后）的生命星光轮放在一张图里对比后，容易有以下几点感受：

1. 发现了平时容易被忽视但其实自己又很想花时间提升的部分；

2. 在画完图后，对于某一板块会有较强的改变动力，并想把大部分的精力给到这个板块；

3. 对于某些板块有想提升的需求，但是对于路径比较茫然；

4. 发现自己在某些板块做得还不错，给到的现状分数自然也会比较高。

总的来说，如果有人叫我们选出其中一个板块丢掉不要，那将是我们人生中最难做的选择。因此，它唤醒了我们关于“平衡人生”的意识，因为少了任何一个部分，都不是我们未来完美的一天。

那么问题来了，我们要如何做，才能够让愿景里的这份平衡得以顺利实现？

如果按照以往传统的方法，也许会是在这五个板块下，分别列出一系列的“目标”，然后挨个去实现。但是这样做的本质还是将目标“清单化”，“清单化”的目标管理方法之所以对于大部分人来说难以坚持执行，很大一部分原因，是因为将我们的注意力进行了平均分配。都是重点，即没有重点。

注意力在哪里，结果就在哪里。如何分配自己的注意力对于结果的实现至关重要。平均分配注意力会将原本处在信息高密度化的人们的注意力再次切得更加分散。拿一个上班族来说，我们在每个月初时，以为自己在这一个月可以平均给到身体健康、事业成长、看书学习差不多的时间，但事实的残酷在于，当我们好不容易完成了事业上的任务后，选择了放空、刷视频休息，这样做并不是错误的，而是我们在刷视频时，又会不自觉地将注意力给到其他部分：发现了一部想追的剧、种草了一个线下活动、付费了一门之前没想报名的课程等。到了月底发现，这个月好像又在忙着吸收各种新鲜讯息，不知道为何，又没有时间给到原本的计划。

从现在开始，请停止清单化列目标，以及停止同时制定多个OKR，一旦认为什么都很重要则什么都不重要。因此，不建议这样（见图14）为自己制定多个OKR：

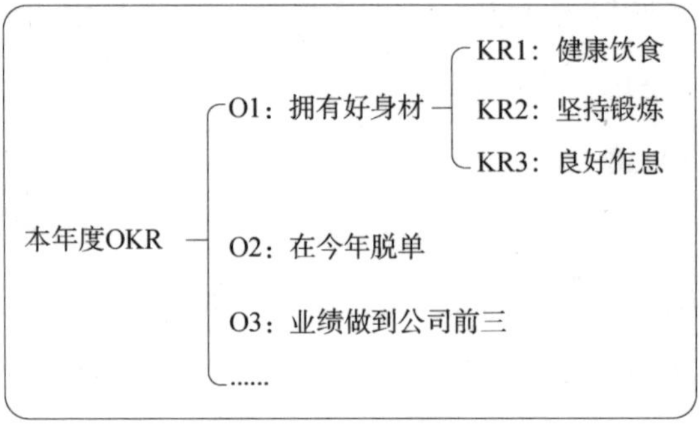

图 14　OKR 制定误区

我们要做的，是学会分出轻重缓急，使用“巧劲”让生命星光轮转动起来。这个画面，可以用“OKR+微习惯”来实现。

我们需要在生命星光轮的五个板块中选择其中一项需要耗费我们大部分精力的板块，为它制定出OKR，其他板块则通过微习惯养成的方法来获得提升。而一旦通过养成微习惯最终养成真正的习惯，这些行为就会变成像吃饭睡觉一样，不需要耗费意志力就可以实现自动化运转。

如何选出可以通过OKR来实现的那一个板块呢？按照以下三个步骤进行。

第一步，筛选“重要紧急”的板块。

时间管理四象限法（见图15）将我们的待办事项分为了四类：重要且紧急、重要不紧急、紧急不重要、不重要不紧急。紧急不重要和不重要不紧急的待办事项，可以理解为与生命星光轮无直接关联的事情，存在于我们日常生活的琐碎中。我们要做的，是对生命星光轮的五个板块，进行深入认识和区分，筛选出待办事项中重要紧急的板块。

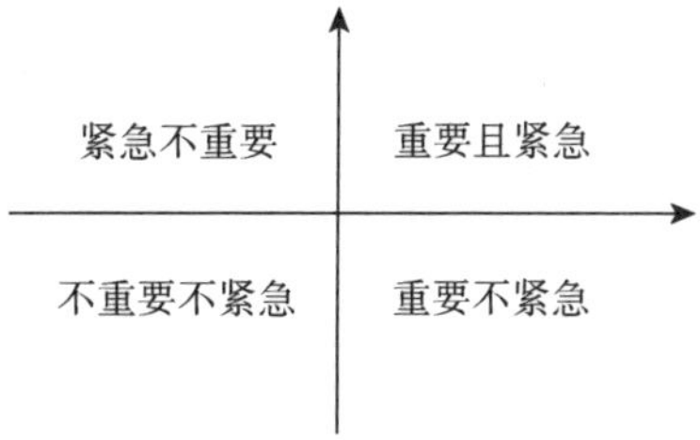

图 15　时间管理四象限

紧急与否，因我们所处的人生阶段不同而不同。换句话说，这个紧急与否，在于我们是否给自己当下的人生进行规划，寻找到生活的重心。具体来说，我们可以将人生分为不同的阶段，并想要按照阶段性的活法来生活。

例如，对于大部分25-35岁的青年人来说，会不自觉地给自己在事业上的目标加一个年龄的期限：在35岁前做到××岗位，或者在45岁前，实现稳定的年收入××。有了这个人为的年龄限制，事业发展板块就显得相对“紧急”些。

对于当下已经退休的父母们来说，眼前相对“紧急”的，大概就与事业无关了，而是认真享受退休生活，给家人做做饭、散散步、种种花，找到属于自己的稳定的生活节奏。

还有一些在事业方面已经发展得较为稳定的人们，对他们而言，学会构建稳定的被动收入管道，实现财富自由，相对来说会更加“紧急”。

因此，第一步，先找到属于自己的“重要紧急”板块，可以是一个，也可以是多个。

第二步，筛选出“创造力板块”。

《思考的艺术》作者拉吉罗说，创造力的本质是通过富有想象力、原创性、有效性的方法迎接挑战。由此可见，并不是所有事情都需要发挥创造力。创造力是可以帮我们应对重要挑战的，并且应对挑战的方案反过来，也激发创造力，使其变得具有独特性和不可复制性。

与创造力板块相对应的是习惯性动作。所谓的习惯性动作就是那些不需要我们消耗过多精力，不需要“动脑子”就能实现的简单重复性动作，如习惯性的运动、健康饮食、记账等。创造力的发挥则有很大的不同，需要发挥一个人的脑力和创意。由于我们需要借助OKR来实现那个需要调动大部分注意力聚焦完成的目标，而OKR又是作为个人创造力的载体。因此，我们需要回看前面写下的表格中，哪些行动对应的板块是需要发挥个人创造力的板块，哪些板块靠重复行动就能完成。

比如，我写下的行动中，“每月坚持记账”“按月做定投”“每周一次有氧运动+一次瑜伽”这类属于重复类的行动。而“举办5次线下游学”“短视频账号每周更新两次”这类行动，则属于需要每次发挥大量创造力才能实现的。因此，事业与成长板块相对于我的其他板块，就属于创造力板块。

同样，创造力板块可以是一个，也可以是多个。

第三步，找到前两步中重叠的板块。

重叠部分就是我们需要制定OKR的板块。因为接下来我们需要把大部分的注意力和精力聚焦到OKR所对应的板块中，如果这个板块既能满足重要紧急——希望在有限的时间内实现，又能满足创造力的发挥——像完成艺术品一样完成目标，那么它作为专注聚焦的对象再适合不过了。

下面是针对我们身边常见的几类人群，问卷调研后得出的结果（见表2）：

表2　不同群体专注聚焦板块调研

职　业	重要紧急板块	创造力板块	重合部分
上班族	事业与成长 财富与资产 能量与内在	事业与成长 关系与幸福	事业与成长
创业者/企业主	事业与成长 财富与资产 关系与幸福	事业与成长	事业与成长

续表

职　业	重要紧急板块	创造力板块	重合部分
宝妈	关系与幸福 外表与健康 事业与成长	关系与幸福 事业与成长	关系与幸福 事业与成长
自由职业者	事业与成长 财富与资产 能量与内在	事业与成长	事业与成长

通过我在线上和线下带领学员实操的经验来看，最迫切需要工作指导的群体大部分是25-40岁的年轻人，80%以上的伙伴最终重叠的板块是事业与成长板块。因此，本书后文将以事业与成长为例，贯穿OKR的制定与落地。

确定了需要用OKR完成的生命星光轮板块之后，其余的板块我们就可以用微习惯来实现。

“OKR+微习惯”的力量

微习惯制定的原理及方法出自《微习惯》这本书。该书作者斯蒂芬·盖斯，既是一个普普通通的宅男，也是个懒虫，但是他为了改变自己，研究各种习惯养成策略，并拿自己做实验，他发现微习惯策略比他用过的一切习惯策略都有效，可谓“亲测有效”。

我们都听过一个行为如果重复21天便养成习惯的说法，然而它其实并不科学，也不可靠，这个说法源于一本畅销书《心理控制术》。作者麦克斯威尔·马尔茨出于猜测，在书中写道，通常情况下，做了截肢手术的患者需要21天才能接受他们失去肢体的事实；而整容后的人，平均需要21天来习惯手术之后的新容貌。人们需要21天来适应生活中的重大变化，但这跟养成一个习惯是两码事儿。并非一个行为坚持21天，习惯就能自动形成。这就是为什么每天写一篇文章这种很具有挑战性的行为，需要几百天甚至更长时间才能形成习惯。

其实，形成一个习惯需要多久不是最重要的，因为我们的目标是用它一辈子，不是吗？如读书、健身、冥想，我们之所以到现在还没有养成习惯，是因为当我们想到要做这件事的时候，内心常会有抵触情绪，惰性是时常出没的“拦路虎”。在《习惯心理学》一书中，作者温迪·伍德结合神经科学、案例研究以及实验，清晰地分析和揭示出了形成习惯的心理学逻辑。概括来说，形成习惯的核心步骤是：营造环境，降低摩擦和给予奖励。如何行动以养成习惯呢？答案就是采用微习惯策略。

在《微习惯》这本书中，作者盖斯说，如果你想培养一个新习惯，微习惯基本上就是它经过大幅缩减的版本——把“每天做100个俯卧撑”缩减成每天1个，把“每天写3000字”缩减成每天写50字，把“始终保持积极思考”缩减成每天想两件好事，把“像企业家一样创新”缩减成每天想出两个点子（跟其他有企业家风范的行为对比，这一点容易得多）。

微习惯体系的基础在于“微步骤”——那些“小得不可思议的一步”。把事情分成小步来做不是什么新概念，但是为什么它效果显著？它的原理是什么？这两个问题还没有明确的答案。当然，微步骤的概念因人而异，你的一小步对我来说可能是一次巨大的跨越。“小得不可思议的一步”，这种称法把它的特点体现得淋漓尽致，因为如果和你的能力上限相比，一个步骤简单得让你匪夷所思，那它就再合适不过了。

按照微习惯策略行动，就是运用少量的意志力强迫自己做一件事情。这里的微习惯策略，是将习惯的养成进行了颗粒度更细致的、进一步的分解，让养成习惯的行为更有可操作性，比如，做一个俯卧撑或者想出几个点子并不需要大量的意志力。这样就可以通过制订计划，让自己每天实施类似的1–4个小得不可思议的、计划好的行动来形成习惯。

什么是“小得不可思议的行动”呢？结合具体情境，举个例子。我想养成每天运动的习惯，以往我们会这样立flag——“每天运动一小时”。这也是曾经出现在我清单里的计划，但是到现在我也没开始行动。

那么我要想想，要怎么制订小计划，让我们根本无法拒绝呢？这时候就可以是：每天做5分钟的运动，或者每天做5个仰卧起坐。如果尝试几天之后发现不行，这样我还是很难做到的话，不妨再切碎这个动作，变成：每天把瑜伽垫拿出来。好，当我拿出了瑜伽垫，就会想，要不就做5个俯卧撑吧，等我做了5个俯卧撑，发现还能续做，于是就做了10个。

于是，这里就有一个关系式（见图16）：

一小步想做的事 >>> 较高的进一步行动的可能性

图 16　微习惯策略

我们把动作进行细分再细分，会发现，真正卡住我们的是运动时长吗？并不是。真正卡住我们的其实是摆脱在家躺着的惯性，穿衣服出门去健身房的这个动作。这个现象可以用基础物理学来类比解释，牛顿第一运动定律内容包括：

> 1. 除非受到外力作用，否则静止的物体总保持静止状态。
>
> 2. 除非受到外力作用，否则处于运动状态中的物体的速度不会改变。

所以说，与其想养成“每天健身房锻炼一小时”的习惯，不妨优化成“每天开车去一次健身房”，后者让人产生的抵触情绪可比前者要小得多。要知道，我们要的是一辈子的好习惯，而不是生命中仅存在了几天的伪自律。微习惯能够让我们获得自主权，由于实践起来非常轻松，所以潜意识里不会感到被控制。这能帮我们有效提升自我效能感。完成这件事后，我们还可以自由选择自己想做的事情。所以不建议给微习惯设定非常固定的时间，越随意越好，但是要在显眼的位置提醒自己每天去做。

微习惯的原理与上述温迪·伍德所揭示的习惯从心理学上看逻辑是一致的。根据温迪·伍德的调查，大多数非常自律的人啥也没有想，他们就是在自动驾驶，和无意识吃薯片没有什么两样。他们并不是更努力，而是更擅长与另一个自我合作。我们有两个自我，听上去有点匪夷所思，但其实脑科学是可以解释这个现象的。我们大脑有两种不同的神经回路。一种叫作联想回路，另一种叫作感觉运动回路。这两个回路的分工有明显不同。当我们开始在熟悉的环境中做重复的动作，我们就很容易切换到联想回路，也就是习惯性自我的模式。这样做的好处很直接，那就是节省能量。作者说，其实有意识的行动是非常消耗能量的。因此，我们的大脑会将相当部分的重复性工作交给习惯性自我去完成。这解释了为什么我们下决心去控制自己的行为往往很难长久，这相当于让我们长期处于有意识的状态，能耗太高，遭到了我们身体的抵制。

能够激发我们行动力的因素有两个：意志力和动力。因此我们要采用微习惯策略，因为它只需要消耗一点点的意志力，也不需要多大的动力就可以实现。

那我们如何检验微习惯是否可行呢？有一个方法：

考虑一下你过得最艰难的一天会是什么样子的，也许你要开一整天的车，或者刚结束一场活动回来，在这种情况下，你还能完成微习惯吗？如果我们能在疲惫、极其忙碌的时候还能完成某件事，那么我们每天都能完成它。

微习惯，因其微小又节约意志力，所以我们可以同时发展好几个微习惯。我们在确定好自己的OKR所对应的生命星光轮板块后，需要用微习惯来提升其余的四个板块。OKR的制定往往以年为起始单位，根据年度OKR再去制定月度OKR。在制定年度OKR的时候，我们也可以确定年度微习惯。

小行动

微习惯的制定需要发散式的思维，请参考在上一节的表格里写出的“行动”内容，在如下微习惯制定参考表中另外四个板块下分别写下三个微习惯。

五大板块	我的年度微习惯	示　例
事业&成长		·看书五分钟 ·写50个字记录心情 ·在社群里分享一件小事
财富&资产		·记账 ·每月定投 ·听两分钟财商课
外表&健康		·晚餐不吃碳水 ·拿出瑜伽垫 ·走路下楼
关系&幸福		·每天关心一个人 ·夸老公一句 ·和孩子认真互动五分钟
能量&内在		·感恩冥想一分钟 ·对自己说一句肯定语句 ·与愿景做链接

此刻，只有行动与当下

毫无疑问，我们用这个方法制定出的OKR，是当下就能着手去做的OKR，在这里我们先称为1.0版本的OKR，在下一章，我们会围绕热爱做进一步的探索，并融入这一版OKR，形成2.0版本的OKR。

在进行进一步探索之前，我们必须明白一件事：就算没有对热爱的探索，也并不影响我们脚下的行动。也就是说，拿着这个版本的OKR，我们已经可以开始进行落地行动了。然而现实中，一部分伙伴会不自觉地陷入“找热爱”“找目标”“继续找想要的O”的误区里。例如，对自己的主业不满意，于是花大量的时间和金钱去不停地学习和尝试各种领域，到头来也没“找到”自己喜欢的副业。那是因为越是与当下环境作抗争，反而越容易忽略当下所拥有的资源和条件，陷入不断“向外求”的境地。当我们能够接纳或臣服于当下，就会发现，自己想要的那个答案不在那些还没尝试过的未来里，而是在过去已经发生的事情上，或者就在眼前能够做好的这件事上。

稻盛和夫，日本管理经营大师，两家世界500强企业（京瓷和KDDI）的创办人，在近80岁高龄的时候临危受命拯救了日航。在稻盛和夫先生经营之道的背后，就是极度认真地工作，是改变自己的心态、不抱怨环境，对手头的工作全力以赴。工作就是他人生精进的道场，在他看来，极度认真地工作会为一个人带来好运气。

在我自己实际行动与辅导学员的过程中也发现，相比于一直在找目标是什么的人，一个能拿着眼前这份OKR随时投入工作的人，他在不经意间会获得更多的帮助和更多自己所需的资源，OKR迭代速度会更快，也会越来越清晰自己的最终目标与使命。

因此，想要“找到”那个能让人为之振奋的“目标”，从臣服于当下开始，从认真面对眼前的工作开始，从对照这一份OKR付出行动开始。然后你会发现，一切不过是诚实面对自己后，回归内心最真实的声音。目标与热爱，是在“找回”的过程中发现的。

不要陷入“找O”的误区里，从现在就可以开始行动。

这是我想对你说的第一点。在有了用目标倒推出来的行动后，我们要把握的只有当下。这是第二点。

无论是OKR自律工作法，还是微习惯，我们都要理性地看待它们。互联网时代，信息爆炸，各种信息泥沙俱下。比如，各种自媒体平台上的那些“完美人设”，作为过来人在分享着各自的成功经验，好像在告诉我们，实现一个个目标的人生才是圆满的。因此，我们很可能会陷入某种执念：我一定要实现××，只有那样的人生才是快乐的。

尽管这本书是在分享如何制定目标和实现目标。可是，我真正想对亲爱的你说：在认真制定目标之后，还要始终记住，目标不是唯一。这句话听上去好像有点矛盾，但这才是OKR自律工作法的意义所在。

哲学家诺齐克设想过这样一种实验：给你一种能够体验一切想要的美好和成功体验的体验机，只要在大脑上插上电极，它就可以使你变成任何你想变成的人，想变美变美，想变富变富……并制造你想要的任何效果。那么，你愿意将大脑插上电极，生活在这些机器里吗？一般心智正常的人回答会是否定的。快乐和幸福是一个过程，而非目标最终实现。

一个真正的高手，既可以借由愿景画面唤醒内在动力，也可以借助当下的力量构建内在世界。因为他知道，实现目标的过程，不过是借假修真罢了。从下章开始，我会带你探索出自己的年度OKR，并尝试在OKR的关键结果KR与关键路径KW中融入属于你的天赋与热爱。如果我们每天都在想着那个结果，就有忽略过程所带来的乐趣的风险，甚至，如果任何动作都由结果中的数字做驱使，也会有让动作“变形”的风险。

我们要做的，是根据最终的目标O，倒推想要实现的带有具体结果数字的关键结果KR，根据KR结合现有资源探索出关键路径KW，再去倒推自己每一步的行动，并尽量使每一步行动恰如其分地踩在自己热爱里。如果一个人在实现目标的过程中是轻盈的、充满创造力的，那将会更好地激发这个人的潜能，让目标的实现成为一件顺其自然的事。

如果我们以为幸福和快乐是源于实现目标之后，那么就会失去对过程的享受。因此，借助OKR自律工作法中的目标落地方法，我们在实现目标的每一天都应该是快乐自在的。这恰好印证了我对幸福的理解：活在当下。相反，人生的很多不快乐源于求而不得。

认真制定那份属于自己的OKR，然后，尽力忘记里面所包含的每一个结果数字，尽情投入地过好通往目标的每一天。这样的每一天是有趣的、充满创造力的。下一章，我就会带着你探索出属于自己的OKR，同时，对于接下来的人生活法，你也会多一点思考。

就像一个人如果喜爱一种游戏，他把它作为一种游戏之外再没有其他目的。

——[美]亚伯拉罕·马斯洛

第4章

写下年度 OKR，拥有持续的内驱力

如何确定OKR的目标O

如前所述，我们默认以事业与成长板块为主制定OKR。在我们锁定事业与成长板块作为用OKR自律工作法来制定与落地的板块后，便可以开始认真撰写我们的OKR了。

首先需要解决目标O的问题。这部分的重头戏是，制定未来一年的目标O。

我们在前面对“目标”“结果”“行动”进行过认真的区分，OKR的目标O是一幅画面——愿景，相比之下，我们在第二章提过的，未经深思立的那些flag，本质上是一个个行动或是要拿到的结果。其实除目标、行动、结果三者的不同以外，我们还可以从需求的不同层级来看它们的区别。

我想多赚100万元与我想成为一个精神、物质双富足的人，这两种表达方式乍一看好像没有太大区别，但是，前者更多的是基于生存需求，而后者则更偏向于自我实现。那么两种需求所匹配的行动力自然也会不一样。我们也许还不能忽略生存需求等低位阶需求直接跳到最高位阶需求，但是我们可以在这里作需求的加法，来让我们的目标变得更有意义。

说到这里，不得不提到著名的马斯洛需求层次理论（见图17），美国心理学家马斯洛在1943年出版的《人类动机的理论》一书中提出了需求层次理论框架。在这种理论框架中，人类的需求被由低到高分为以下五种。生理需求（physiological needs）、安全需求（safety needs）、爱与归属的需求（love and belonging needs）、尊重需求（esteem needs）、自我实现需求（self-actualization needs）。这些需求的位阶从下到上依次递增。

图 17　马斯洛需求理论

随着需求的依次递增，需求背后的“意义感”也会因此而增加。意义感对我们而言意味着什么呢？在电视剧《士兵突击》里，主人公许三多有句单纯但经典的台词：好好活就是做有意义的事，有意义的事就是好好活。意义与好好生活仿佛就是同义词。我们在实现目标过程的背后所具备的内驱力，也正与这份意义感息息相关。

例如，有两项任务，第一项任务是：如果在一周内向意向客户卖出十份自己公司的产品，能够获得利润两万元。

第二项任务是：如果在一周内成功发起某项活动筹集2万元基金，就会有100个孩子因此能重返校园，也可能会因此改变孩子们的命运。现在，请闭上眼睛，用心感受一下这两件充满挑战的任务，对你来说，哪个坚持下去的可能性会更大，并且在完成时更有成就感？

对于大多数人而言，第二项任务应该会让人感受到更丰富的意义感，让人更能坚持下去且获得更多成就感。这也是为什么当我们满足了基本需求后，会渴望去实现更高的需求——自我实现。

作为一名“90后”，从小成长、生活在和平的、物质生活较为充裕的太平盛世，受益于经济高速发展，我们摆脱贫困，过上了富裕的生活。我们这代人的愿望与上一代人那种工作是为了更富有、想吃好穿暖、住上好房子等单纯的物质欲望有很大的不同。我们对于自我实现的需求尤为强烈。不仅如此，随着更多的“95后”“00后”开始成为社会上新一代的年轻力量，他们选择什么作为终身事业，更多看重的也是这样一份意义感。

日本知名企业家佐藤航阳在《财富的未来》这本书中

写道，千禧一代的先辈们经历过物质匮乏的时代。为了弥补这种匮乏，他们拼命努力，因而有着明确的方向。继承了这些努力成果的一代人衣食住行都得到了满足，千禧一代什么都不缺，没有因缺乏物质而产生的欲求。在什么都不缺的世界里，人生的意义、目的反而变得更有价值。这种趋势正在进一步加速，人类肯定会从追求物质满足转向追求精神满足。谷歌、脸书（Face book）等急速扩张的企业，都有一个共同点，就是有着简明易懂的使命。谷歌的使命是“组织全世界的信息”，脸书的使命是“让世界连接更紧密”。这些企业的使命都是为了解决一些社会课题，企业的员工因此被赋予不同寻常的工作意义。

什么样的工作方式、生活方式才具有人生意义呢？答案非常简单，那就是将来从事自己所喜爱的事业，不仅实现自己的梦想，而且回报和影响更多人。我们不妨把这样一种使命感背后的需求看作马斯洛需求最高层需求——自我实现，再往上一层需求——超自我实现（见图18）。超自我实现是利他的、无我的。回想读书时的经验，尤其是名校的同学，应该听过类似这样的口号：“今天你以某大为荣，明天某大以你为荣”“今天是某大学子，明天是社会栋梁。”超自我实现是大学教育对一个人的最好祝福和最高期待。

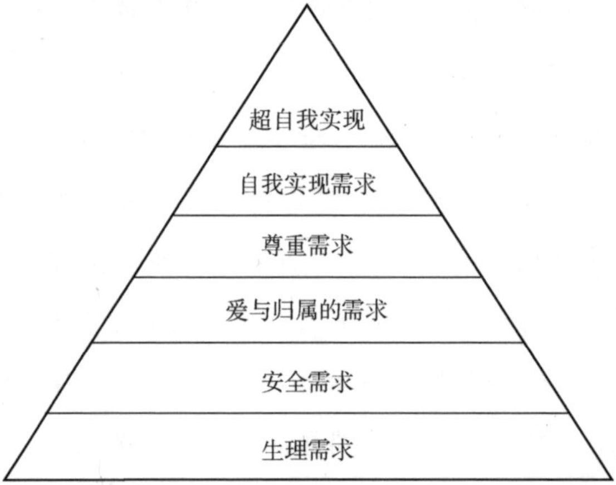

图 18　需求层次递增

腾讯有档栏目中，俞敏洪对谈比亚迪董事长王传福，俞敏洪问王传福：“比亚迪汽车取名‘秦、汉、宋、元’等中文名字，很容易让中国老百姓觉得这个车很土，但是你怎么还一步一步往上顶？”王传福回应说：“早期创业的时候为了脱困嘛。等有了一家比较有规模的企业时，一年挣几十个亿的时候，其实已经并不为钱所困了，但我们并没有停下来，我们并不是做小富翁型企业家，我们还是有一种不断的动力，包括你我一样，还是要把企业做大。”俞敏洪接着发问：“那现在的动力是什么？”王传福说：“我第一次去美国，他（美国人）老让我拿返程机票给他看，我觉得很难受，好像我就要赖在你美国不回来似的；还有一次去英国，也是这样，把你盘问讨论半天。我们是企业家，做贸易的，我不是想待在你这儿不走。”然后，王传福说：“到了创业的后期，就想把规模做起来，让中国人也有这种位置，我们中国人不笨也不懒，我们的产业会比他们还好，为了争一口气，展现中国人这种勤奋、进取和中国人的聪明，做出中国品牌。”从王传福的一番话可见，比亚迪企业的发展，带有一种使命感，已经超越了赚钱，更追求为国争光，为民族树立品牌。王传福还说，“汉”这款车如果做不好，他无地自容，因为车的产业链在中国，应该让人更愿意买。不难看出，达到超自我实现这个层次后，人便会超越自我，把自己放在家国情怀面前，更有生命意义感。

而这，也是未来年轻人所崇拜与不断追求的。我曾经跟朋友说，就算是在我最迷茫的时候，我想要做的，也是能让十年后的世界因为我而变得更好一点点。不知道哪里来的勇气，总之，这是我真实的愿景，也是我到现在一直坚持的。

利他、无我的愿景或目标并不意味着我们远离财富或者根本不在乎财富，相反，如果我们真的以这个愿景为初心，为它持续赋予行动，坚持下来，财富的增长会成为一个自然而然的结果。因为我们生在了最好的时代，在这个时代里，我们可以不受限制地发挥自己的创造力，任何一种能为社会带来价值的产品或服务，都有机会成为一种赚钱手段，结合符合当下趋势的商业模式，赚钱就是必然的结果。

我在辅导学员制定目标的过程中，有很多伙伴一上来会跟我说，自己想做自媒体账号。我问为什么想做自媒体呢？对方说因为想要粉丝的增长。我继续问粉丝增长之后会怎样？对方说那样就可以变现了。我问凭什么有了粉丝就一定能赚钱？对方开始沉默、思考，一时想不出答案。

于是我接着说，其实涨粉只是一个结果，我们需要思考的是，为什么自己的账号值得被别人关注，我们通过这个自媒体账号在向这个世界表达着什么、传递着什么。然后我们通过一些技巧，留住用户观看，再以用户听得懂的语言表达出来，这样就等于实现了我们所说的用户停留与视频完播。有那么一部分人看得进去、看得懂你的内容并因此受益，那么不涨粉都很难。如此，对方对你有了信任基础，当你卖产品或者服务，就会基于这个信任基础，而使成交率大大提高。所以我们不要想着什么技巧能涨粉和成交，最本质的，是我们到底想用什么样的内容，影响谁，变得怎么样。比如，我很喜欢的一位短视频博主，在她的自媒体主页上写道：垂头丧气的时候就来看看我。言外之意，她希望自己的短视频内容能带给人们温暖与正能量。而在真实的生活中，通过与她的交往，我发现并感受到她确实是言行合一的，她真正发自内心地在践行着这个目标：影响更多人，让更多人看到、感受到这个社会的温暖与爱。

说到这里，很多想在自媒体时代做出自己IP或个人品牌的伙伴们应该会有一定的感触。这跟我们制定OKR的目标，是同样的底层逻辑。我们需要知道自己目前的状态，以目前的状态我可以尝试影响哪部分人群、帮助他们变得怎样。

因此我们对于目标O的撰写格式可以是：

◎影响××，变得××或帮助××（变得）××

例如：帮助更多孕期妈妈情绪稳定，幸福度过孕期

另外，关于目标O还有两种常见撰写格式为：

◎（副词+）动词+名词，即什么程度得怎么做，做什么

例如：重新优化售后流程

◎成为××样的人

例如：2023年，成为传递真善美能量的自媒体人

下面，我将以四类常见的群体为例，分别做目标O的撰写示范（见表3）：

表3 目标O的撰写示范

人群	说明	目标O举例
自由职业/副业创业	数字游民、自媒体博主、内容创作者、新个体创业者	1. 影响更多女性学会真正地爱自己 2. 实现第一批学员招募并完成交付 3. 成为传播真善美的自媒体人
企业主	企业创始人、合伙人、公司高层、团队领导者	1. 影响更多人对国货产生信任 2. 全面提升公司品牌影响力 3. 成为能给用户带来幸福感的首饰品牌
职场人	大部分上班族在事业上的时间会用于主业，因此这部分的OKR会与部门或团队相关	1. 影响20个新职场人学会在面试中展示自己 2. 完成新产品上线SOP（标准操作程序） 3. 成为拥有成长型思维的职场人
全职/半全职妈妈	全职妈妈前三年也许会将大部分精力给到孩子，如果想挪出一部分精力用于事业，建议可以选择与育儿赛道相关的行业	1. 影响更多新手妈妈轻松度过育儿第一年 2. 完成亲子英语启蒙课程的打磨 3. 成为在育儿中收获自我价值的女性

可见，关于目标O的具体书写要求，不管哪个群体，都有一致的底层逻辑，正如《OKR使用手册》里的总结：

1. 目标一般为定性描述，用文字而非数字，防止给KR设置带来思考限制。

2. 以动词开始，指明行动方向。

3. 在对应的周期内是可以完成的，或者是可持续性的目标。

4. 富有挑战，鼓舞人心。

5. 大标题形式，精简至20字以内。

当我们明确地进行了自我定位，清晰地掌握了底层逻辑，关于目标O的撰写，才能做到自我与目标匹配上的科学、合理、切实，诸如：

完成新品发布并在私域打造初步影响力

成为思维导图金牌讲师

影响更多妈妈学会绘本陪伴

……

我在带OKR线上训练营期间，常见的关于目标O的错误书写方式有：

1. O：实现收入增长xx元。

分析：这是结果，不是我们这里定义的目标，我们需要思考的是在实现收入增长后的那个画面是什么。

2. 每天坚持发5条朋友圈/每天运动1个小时。

分析：这是行动，我们需要多思考行动背后更深层的动机，避免成为"行动机器"。

3. 学会写作/演讲/拍视频……

分析：这是结果，需要多想想学习最终是为了实现什么。

以上从正反两面介绍了如何确定OKR中的O，将引导示例和误区分析都展示得非常明确，我们在确定O的时候，可以多多体会。

根据目标O，确定三个关键结果KR

关键结果（key results，KR），用来衡量目标是否实现。要么达到关键结果的要求，要么达不到这一要求，中间没有任何灰色地带。一旦关键结果全部完成，目标的实现就是水到渠成的了（如果目标没有实现，那说明最初的OKR设计可能有问题）。换句话说，当我们拿到了所有的关键结果，我们的目标就会得以实现。就好比我们在爬山的时候，随着攀爬高度的上升，沿途会走过一个又一个的小亭子，当我们见到最后一个小亭子的时候，也就是迎接登顶胜利的时候。

传统的KR书写格式为：通过……（路径/方法），实现……（结果）为了更好落地，我建议将结果和路径分开单独做探索，先确定关键结果，再根据结果去倒推路径和方法。参考格式为：

KR1：

关键路径1：

关键路径2：

关键路径3：

关于关键结果，应该符合“SMART原则”。即对于每个指标要确定标准需遵循具体的（specific）、可衡量的（measurable）、可达到的（attainable）、结果导向的（result-oriented）、有时限的（time-based）的原则，以便指标具有可操作性和激励性，使关键结果更方便倒推关键路径，具有有效性。

写好的关键结果KR需要先进行自查（见表4）：

表4　关键结果KR自查

KR自查项目	自查标准	自查结果	备　注
S 具体的	1. 是否包含了清晰的行动路径？ 2. 表达是否清晰无歧义		
M 可衡量的	3. 对于结果的实现是否有清晰的评判标准？ 4. 这些评判标准是否已在KR中		
A 可实现的	5. 是否具有挑战性？ 6. 是不是有可能实现的		

续表

KR自查项目	自查标准	自查结果	备　注
R 与目标相关的	7. 每个KR是否都与实现目标相关联? 8. 实现了所有KR是否必然能实现O		
T 有截止日期的	9. 对于整体KR的实现是否确立了具体的截止日期		

不仅如此，一份优秀的KR需要具备一定的挑战性，换句话说，它是在我们舒适区以外的。正因如此，当我们制定出一份具有挑战性的KR时，内心会有一点不舒服，能够感受到压力，也能激发出我们的内驱力与创造力。

现在我们清楚地知道了，KR的制定是根据不同的O的性质，符合不同的设计与拆解规律。接下来我们就将KR的设计分成三种类型，一一举例说明。

一、按时间轴设计：活动策划/项目推进

O：6月完成一场受欢迎的线上读书会全运营

KR1：在10号之前完成50人拉新。

KR2：在15号前确定最终运营SOP（标准操作程序）与内容打磨。

KR3：在25号结营当天实现85%的转化率。

由于社群运营的节奏符合时间轴的规律，且有确定好的开营和结营时间，所以大部分情况下可以参考按时间拆分KR 的方法。这里的重点是，除通过KR确定了每一个重要的时间节点以外，还提前设计出了重点动作，例如，私域宣发、问卷调查、一对一私聊等，有了这些重点动作的前置，我们在落地期间就会十分清晰自己每一步的行动。

二、按商业模式设计：品牌建立与产品设计

O：创立自己的品牌并完成产品架构设计

KR1：确定品牌的名字与标识（logo），并注册商标。

KR2：完成10笔成交。

KR3：确定三款衍生产品，最终完成产品架构搭建。

适合按商业模式设计的KR，顾名思义，其与背后的商业模式息息相关。不同行业对应着具体不同的方法，但有一点建议是，不要忽略当今的商业趋势。

三、按事物发展设计:完成新书书稿

O:完成新书书稿的初稿撰写

KR1:选出10本参考书进行阅读并作内容拆解。

KR2:完成3个版本的目录并最终确定一个版本。

KR3:3个月完成初稿。

O:完成爆款视频发布

KR1:找出20条网络上同类型爆款视频。

KR2:选出其中5条视频作为代表性案例进行拆解。

KR3:让视频一天内获得1万多播放量。

如果你的O既不适合按时间轴设计,也不适合按商业模式设计,那么大概率会适合按事物发展规律来设计。不同类型的事物有其不同的发展规律。例如,写书稿和制作视频二者各有各的实现路径。由于一份优秀的KR不仅仅是结果的呈现,也要在其中有路径的说明。因此,我们在设计和拆解时,不妨多去请教该领域的专家,或者学习该领域的课程,避免走一些弯路。

探索关键路径KW，做自己的潜能教练

我们最终希望看着自己的OKR，就像拿着导航仪，自动知道下一步具体的行动，现在，距离我们写出这份完整的OKR，只差最后一步：为关键结果匹配相应的关键路径（key way，KW）。每一条关键结果需要对应3-5条关键路径。如图19这份月度OKR：

O：实现撰喜商业生态持续完善和初步落地

- KR1：完成私教交付，实现产品知识体系升级
  - 关键路径
    1. 每周私教学员电话一次，私教前确定完整流程
    2. 确认私教前端产品价格区间
    3. 与私教学员开会共创
- KR2：画出撰喜商业生态蓝图全画面
  - 关键路径
    1. 看完11月书单（女性类为主）
    2. 持续收集大女主类选题，并在粉丝群完成分享
    3. 生态前端引流体系开始扎根（书籍+短视频）
- KR3：撰喜文创和视觉全面升级+宣传
  - 关键路径
    1. 视觉识别系统完成付费升级（撰喜生活、撰喜读书会……）
    2. 文创设计完成+走印刷流程
    3. 直播三场

图 19　月度 OKR 示例

对于关键路径KW的探索方法，我们可以按照以下几个问题，进行自问自答，最后写下3个左右路径，尽量克制在3个，不要超过5个。

请给自己完整且安静的30分钟，专注作关键路径的探索：

1. 我想实现的结果（聚焦在一个KR上）是？

2. 针对这个关键结果，我目前的状态或进度是怎样的？

3. 身边有哪些资源可以为自己所用？

4. 对于实现这个关键结果，我目前能想到的方法为？

5. 提炼出三个最关键的路径。

以上探索关键路径的方法，重复三次，即可完成三个关键结果的路径探索。

示例：

针对KR1：月底前实现课程第一轮销售量50份。

1. 我想实现的结果（聚焦在一个KR上）是？

在月底前实现课程第一轮销售量500份。

2. 针对这个关键结果，我目前的状态或进度是怎样的？

已经有50位学员报名，还有450份未成交。

3. 身边有哪些资源可以为自己所用？

自己的粉丝群、朋友圈；

其他伙伴们的社群；

自己的自媒体账号；

直播间；

私域有影响力的好友们；

老学员们；

私信邀约。

4. 对于实现这个关键结果，我目前能想到的方法为？

发朋友圈宣传、在粉丝群互动传播；

与私域有影响力的好友们联动直播，打造课程影响力；

在其他社群做分享赋能，让更多人了解这门课程的价值；

收集老学员们的反馈，并制作成海报；

在自媒体账号做课程的宣传预热。

5. 提炼出三个最关键的路径。

选出5位影响力好友，联动私域社群与直播间，做5场分享；

收集老学员的反馈，制作成海报发朋友圈、写公众号；

发动团队一对一邀约种子用户100人，设计限时福利。

现在，我们可以以年度为单位，写出自己的OKR，写下后，需要检查是否满足以下几点条件：

1. 三个关键结果KR实现之后，需要意味着O一定能实现；

2. 三个关键结果KR之间具有某一种逻辑关系；

3. 三个关键结果KR需要满足“SMART原则”。

小行动

根据本章介绍的探索方法和下面的模板，写下完整的年度 OKR1.0 版本

年度OKR撰写模板

O：________________

- KR1: ________________
  - 关键路径
    1. ________________
    2. ________________
    3. ________________
- KR2:
  - 关键路径
    1. ________________
    2. ________________
    3. ________________
- KR3:
  - 关键路径
    1. ________________
    2. ________________
    3. ________________

登上山顶之所以重要，只因为它证明了我们爬过山，爬山的过程才是真正的目标。

——[美]米哈尔·契克森米哈赖

第5章

持续优化关键路径，活在心流与热爱里

“成事暗号”——心流与热爱

如我们在第4章结尾所说，写下1.0版本的OKR之后就可以行动了，可以直接从眼前能做好的那件事入手，在行动的过程中通过复盘来迭代OKR。在此过程中，通过本章对心流与热爱的探索，将过去已经发生过的属于自己的天赋调动出来，结合进来，迭代出新版本的OKR，这份OKR则会多一些兴奋感，让人跃跃欲试。

日本著名作家本田健在《思考成就人生》这本书中提道：

> 成为幸福的有钱人的秘诀就是，将自己最喜欢的事情作为工作。我指的是

> 要全心全意去做最喜欢的事情。只要去做自己最喜欢的事情，成功的概率就会变得非常高。

实际上，我们常常理所应当地把喜欢的事情和工作对立起来，对于把喜欢的事情当成工作，要么将其视为不可实现的空想；要么将其视为财务自由之后才配拥有的奢侈；要么将其视为败坏兴致，有损乐趣的无奈。

然而，在我们讨论如何掌握从事热爱的事业并能够赚钱的方式之前，我先现身说法，分享一下在我身上持续被验证的“成事暗号”。我想这可以当成我们思考和创造融入热爱的赚钱方式的引子。

我靠着它让自己的自媒体账号实现了从0到1的突破；靠着它让自己在私域生态中快速出圈，被更多人认识和喜欢，到现在每天都有伙伴愿意付费来我的社群。之所以称其为成事密码，而不是成长密码或者是成功密码，是因为我们每个人对于成长和成功的定义都不同，但是想做的那件事，却总能深深扎根在我们心里。

比如：我想拿下这个公司的offer；我想把自媒体账号

做到10万影响力；我想举办一场线下活动等，但凡这件小事成了，我们不妨给自己按一个确认键：成事了。

现在可以回想一下，在从小到大的经历中，有没有哪件事情到现在回想起来你还有满满的幸福感或者是成就感的呢？

比如说，用心准备的一次作文比赛，最后比赛结果非常满意；每次排练都用心投入的那场演出，正式演出后大家给出的反馈成了你的高光时刻；某次学校组织做志愿者，尽管你身体已经很疲惫了，但是看到自己小小的身体创造的价值，最后无比欣慰……这些事情尽管因为时间的流逝而渐渐被你的头脑选择性淡忘，但是你的身体却总也忘不了那时候的自己在做事过程中沉浸的感受。

接着，成年了，工作了，再到后来我从央企辞职，做个人IP……每一次小小的高光时刻，好像都少不了那样东西：心流（flow）。“心流”这个词源于心理学家米哈尔·契克森米哈赖，在他的著作《心流》中，他提出，心流是一种人完全沉浸在某种活动当中而无视其他事物存在的状态。

拥有了心流时刻，就代表着我们在做这件事的时候，是沉浸式的，是忘却了时间的存在、全身心投入的。于是，我开始复盘最近两年和过去成长道路中取得的一个个小成就，无一例外都靠“心流”的陪伴。只要在做事的过程中有持续的心流存在，最终的结果总是不会让人失望。

米哈尔说，心流的构成要素有以下几个（见图20）：

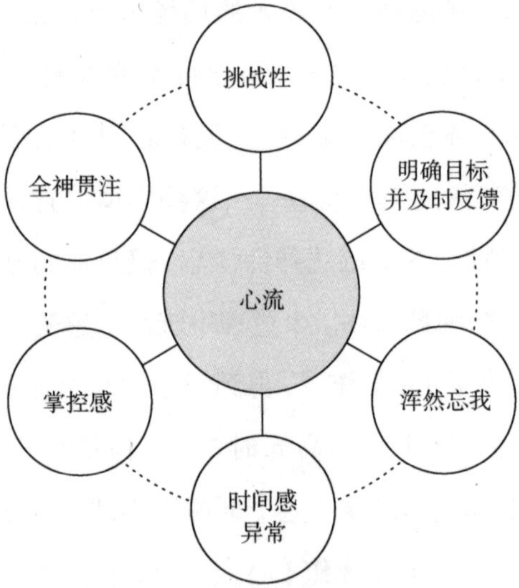

图 20　心流构成要素

在心流状态下做事通常有以下特征：

全神贯注、忘我；

感受不到时间的存在；

会有非常喜悦的感觉；

完成后充满能量且十分满足。

说到这里，你大概明白了，想要做成一件事，就要以沉浸式的方式去做这件事，持续获得心流，这就是我想告诉你的第一个“成事暗号”。

对于短期目标或者中小型项目来说，持续投入心流就可以让我们最终获得一个不错的结果。那么，如果我们把时间维度拉长，这个目标需要我们用五年、十年甚至更长的时间来完成的话，除持续的心流以外，还少了些什么呢？

那就是：由热爱所产生的快乐的状态。

如果我们能沉浸地去做一件事，且在这个过程中带着热爱，用快乐的状态完成它，那我们就可以完成一件“大事”。

就像畅销书《生而不凡：迈向卓越的10个颠覆性思维》一书中写道：

> 当你处在这种(快乐的)状态的时候，你会感觉生命里的一切都朝着你的方向改变，你感觉一切都轻而易举，一切皆有可能。
>
> 这是一种微妙的平衡：你有一个远大的未来愿景，不断拉着你前进。不过，你在当下的这个时刻里，是快乐的。

如果我们想要实现人生的愿景，需要知道这个愿景的存在、通过找到热爱让自己处于快乐的状态、并投入持续的心流。

再次提到热爱，很多人面临两大类型的痛点：

1. 不确定自己的热爱是什么，以至于不敢迈出舒适区，由于每天做着重复性极高的工作，就更没有机会去做更多的尝试，难以找到真正的热爱。

2. 不认为自己的热爱能够解决生活的问题，也就是说，热爱与赚钱看上去总是难以兼得。

接下来，我们就通过对热爱的初步探索并逐步解决这两大痛点。

在我创办的社群“自由森林”的线下游学活动中，我让伙伴们做了一件事情：穿越回小时候，给长大后的自己写一封信，然后读出来。这时，往往会牵动着非常多的情感，一度成为活动中的高潮。每一位读信伙伴自然流淌出来的眼泪，都在那一刻证明了，我们找回了和小时候自己的连接。

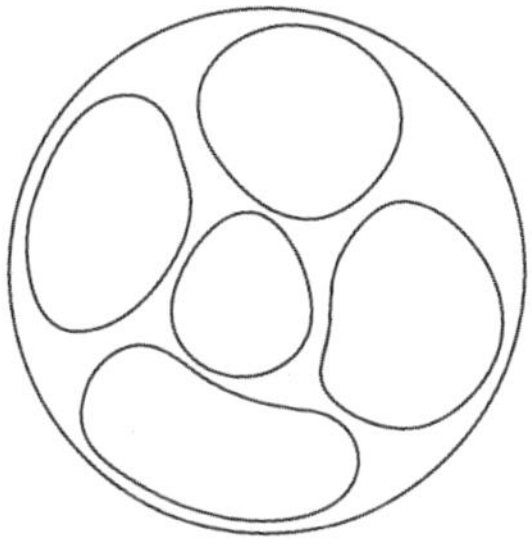

图 21　热爱事项的回忆与记录

记录三件从小到大那些你发自内心热爱，且毫不费力的事情，比如绘画、看书、建模等，填到圆圈（见图21）中。

与小时候的自己连接如此之重要，原因在于，作为一个小孩子，可以感受到纯粹的“快乐”，这份快乐不需要经过大脑的评判：是否有意义、是否有利益等。这最接近人类原始的热爱，是一种纯粹的生命状态，且与成人世界的金钱无关。

如何找回孩子般纯粹的热爱呢？以30岁的成年人为例，可以按以下五个阶段做探索：

3–7岁，作为一个学龄前的孩子，我最快乐的事情……

8-12岁，回想起我的小学生活，最让我感到幸福和满足的事情是某次……

13-18岁，进入青春期的我，尽管学业繁忙，但是总有一件事情让我感到很治愈……

19-24岁，这时候也许在大学时期，也许已经步入社会，开始尝到自由的味道，你最喜欢做的事情是……

25岁到现在，有哪些让你哪怕短期没有任何收入、依然会毫不犹豫去尝试的事情，或者有哪些已经做过并确认是自己无条件热爱的事情……

拿我自己举例：

12岁之前我是个漫画迷，一根冰激凌和一本漫画就是童年夏天的全部美好；

到了18岁，除忙着完成家庭目标——高考以外，最能够让我放松且获得心流的事情就是看书、用相机拍照、修图。

大学期间，让我心流满满的两件事分别是：做上海世博会的志愿者，以及在美国读大学期间废寝忘食地排练中国舞。前者因为帮助他人而快乐，后者为能最终在台上展示出中国传统舞蹈的魅力而快乐。

步入社会以后，我会在做会计报表中体验到心流，但是缺少热爱。直到我发现自己会在讲课、做内容创作中体验到心流，同时有满满的热爱。

像看书、做志愿者、排练、讲课、内容创作这类事件，于我而言，底层动力与金钱无关，只与热爱有关，同时在沉浸做这些事时也有明显的心流体验，因此，只要我认真去做了，结果自然不会太差。

这就是在我身上一直应验的第二个“成事暗号”：热爱。

小行动

按前文五个阶段做探索，列出所有能体验到心流或满足的、你纯粹热爱的事件，并在里面选出六个同时具备心流与热爱的事件。接下来，请将这六件事作为六个关键词，写在同一张纸上。我们开始要用设计思维来完成接下来的创意。

画出思维导图，提炼“创意事件”

我们刚刚通过探索心流事件的方式，完成了对各自内心热爱的初步探索。在《斯坦福大学人生设计课》这本书中，作者主张，我们可以用设计师思维去设计我们的人生。其中的两个观点非常有启发：

> 1. 只有好点子足够多，你才能从中选择出更好的。
>
> 2. 对于任何问题，都不要选择第一个选择方案。

你的大脑通常非常懒惰，它喜欢尽快摆脱问题，因此它会先用很多积极元素包围你的思想，让你“迷恋”。不要“恋上”你的第一个想法，它几乎从来不会起作用。通常，我们最初的解决方案都极其普通，没有任何创意。

比如，曾经的我认为，实现自己年度O的前提，是需要成功出版一本书，一切都需要以实现它为前提条件，因此我给了自己巨大的写作压力，陷入出书的执念中。当我放下对于这一步骤的“迷恋”，我会发现自己其实可以在很多地方发挥创造力，尽情地做一些有趣的事情。

这就是我们在探索出第一个版本的OKR中，KR所需要具备的其中一条基本思路。即发挥创造力，为KR创造更多的选项，而不是让大脑牵引到目前自认为是“对的”那个路径里。

让我们的大脑摆脱思维惯性，打开创造力的方式之一就是“画出思维导图”，这里介绍一下《斯坦福大学人生设计课》中介绍的大致制作步骤（可在本章后的小行动栏目中制作）：

1. 选取一个主题

根据我们刚刚探索到的六个关键词，选择其中一个，放在导图的中心位置。

2. 制作思维导图

围绕这个处在中心位置的关键词，展开联想，写出五六个相关的概念。重复这个步骤，分别在每个词的周围继续扩展五六个词汇。这时候的词汇不需要一定和在最中心位置的关键词有直接关联，只要邻近的两个词汇彼此有直接联系就可以。

3. 挑选关键词

在这些映入眼帘的词汇中，选取几个能立刻吸引你的关键词，圈出来放在一起，它将产生一件全新的事件。这件事最终会被提炼成：和谁、在哪里、做什么。

这是一份我画出的导图（见图22）：

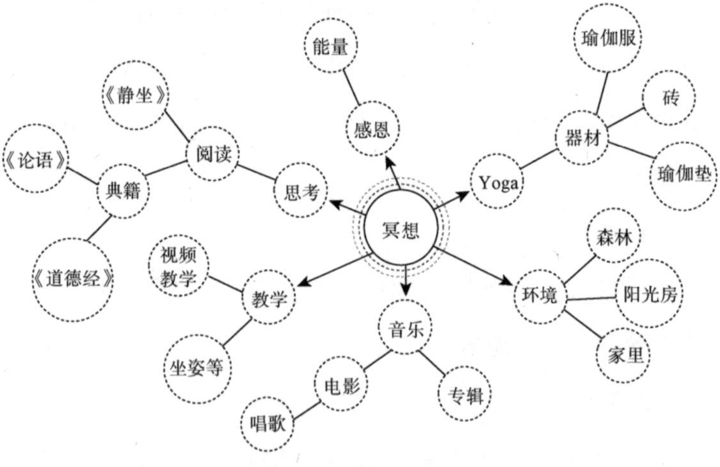

图22　我的关键词导图

用“冥想”作为关键词，最终我收获了一个全新的创意：和10−15个伙伴，在森林中作冥想、共读一本书。

写下来发现，哇！这正是我想要的。而这也让我感受到了通过画思维导图这个动作来激活创造力的魅力。值得一提的是，在我们画导图以及提炼创新事件的过程中，不要对自己写下的内容进行评判。比如，这件事情实现的可能性有多大、是否能带来收入、我是否有时间去做等。因为把思维打开，允许一些创意想法的流入，这是我们的第一步。后面要考虑的，不是能不能实现，而是找方法让它实现，这是商业思维升级的过程。但实现商业化的前提是，将“允许自己看到更多可能性”作为第一步。

画思维导图这个步骤，我们可以重复3−5次，也就是说，可以将我们在上一节里提炼出的3−6个关键词分别画一张导图。甚至说，我会建议我的伙伴们，每天早上起床后都可以用一张导图来激活自己。因为我们最终想要的是更多被提炼出来的“创意事件”。只要这样的“创意事件”足够多，我们就给自己的未来创造出了更多活在热爱里的机会。

通过上面的步骤，我陆续给自己提炼出来的几件创意事件为：

1. 在森林里和一群伙伴作冥想、共读一本书。

2. 用直播的方式，带领大家读典籍，也可以举办成亲子活动。

3. 用自己独有的方式，将生命星光轮中的各个部分用视频的方式呈现给更多人。

4. 坚持写作“那些我想说给你听的话”系列，作为伴随孩子成长的礼物。

5. 打磨出OKR导师课，培养更多伙伴用OKR工具赋能，并衍生出亲子版。

……

到现在看着这些文字，我的内心翻涌出的情绪依然是兴奋、激动和幸福。每个字串联成的那句话，就像跳动的音符，在我的心里流淌着，谱写出了一首欢乐的曲子。

下面是一位伙伴以“写作”为关键词所画出的思维导图（见图23）：

他所写下的创意事件为：

1. 借助写作类相关书籍和自己的实战经验，提炼出自己的写作方法论。

2. 写一篇短剧的剧本，并在社群发起接龙，共同演绎和拍摄。

3. 研究过去的公众号爆款文，并延伸至短视频文案写作。

……

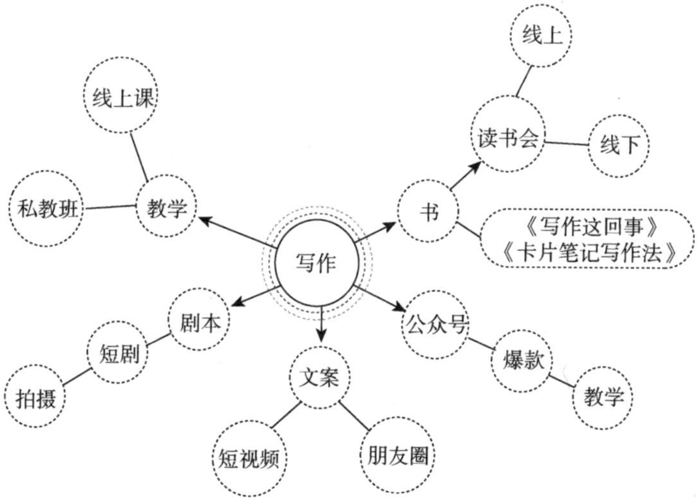

图 23　伙伴的关键词提炼示例

如果写下来的创业事件让你感到兴奋难耐，不妨在这里暂停一分钟，我们要开始思考如何把“想做的事”变成“在做的事”，而这才是OKR这个目标管理工具发挥作用的灵魂之处。

小行动

画一份导图，并提炼出3-6件创意事件	
创意事件	

将热爱变成赚钱的事业

做滋养内心的事业，过有趣自在的人生，需要将热爱变成赚钱的事业。

从“想做”升级成为“在做”，我们只需要搞清楚，这些刚刚写下的创意事件，如何与我们之前写下的1.0版本OKR相结合。要知道，1.0版本的OKR，是我们大脑中已经存在的那些“应该做的事”，就算写下来了，也会缺少一些兴奋感。而2.0版本的OKR，则是承载了那些想想就有点激动、又刚好能助力我们实现目标的事，也就是具备我们前面所说的“不舒服的兴奋感”。我们对自我的认识和探索是一个过程，于是OKR的撰写也是一个渐悟和践悟的过程。

当我们找到能够让自己为之一振的事情后，接下来要做的还有两个步骤：

1. 确认年度收入目标；

2. 融入KR中，形成一份完整的OKR。

我们先完成第一步：确认年度收入目标。这时，需要回到曾经写下的目标O。例如，我的年度目标O是：创立自由森林线上生态社区，并成为居民们在线上生活的心灵栖息地。我们在前面说过，目标O最好不带具体的数字，以免限制了KR的发挥，因此这里就不写赚钱目标。但是从个人目标来看，收入目标确实也是一个必不可少的数字，那么，它要如何体现？

现在，请回看我们在之前完成的“生命星光轮”打分，根据生命星光轮中财富与资产板块，确认自己的年度财富目标。如果对于这个数字没有经验的伙伴也许在这里会不知所措，没关系，那就先“拍脑袋”定个数字目标。

现实情况往往是这样的，在定了具体的财富目标后，会发现，自己正在做的事情跟财富目标距离有些远。比如，虽然写下30万元的目标，但是按照目前情况来看，自己做的事情能带来的收益天花板是5万元。于是，再面对之前定下的30万元财富目标，难免有些失落，同时有些不知所措。

为了避免这种情况的发生，我们需要提前做到心中有数，将财富目标拆解得明明白白。

按照本书指导的步骤，到了这里，我们手上会有：一份1.0版本的OKR，以及刚刚探索出来的3–6件创意事件。接下来，再将创意事件融入现有OKR形成2.0版本的过程，也就是在梳理和拆解财富目标的过程。

在这里我们依然遵循目标前置的原则，也就是先去感受心里的那个财富目标数字，写下来，这是第一步。

例如，年度财富目标30万元。

第二步，将财富目标拆解到1–3个关键结果中。

例如，

KR1：线上线下渠道拓客5000人；

KR2：线上产品销售20万元；

KR3：线下产品销售10万元。

第三步，用创意事件替换或补充原有的关键路径，确定迭代后的关键路径所创造的收入目标。

例如，原KR3及关键路径为：

KR3：线下产品销售10万元。

——打磨出2万私教产品；

——老学员成交3人；

——线上课程转化2人。

创意事件：

组织高端线下游学，为学员制定纪念册和专属档案；

成立新的晚间栏目，并与现有课程内容结合；

……

创意事件与原有KR结合可能的结果为：

例如：

KR3：线下产品销售10万元。

——打磨出“2万私教+游学产品”，成立长期服务体系；

——举办三场游学活动，并在当地组织大型沙龙打造影响力；

——用新栏目建立与老学员的桥梁，并选出8位适合私教产品的学员。

对于以上步骤还有三点建议：

1. 觉察财富目标数字，尽管直觉告诉你需要赚更多的钱，但是你的潜意识不会说谎。去感受那个数字，是否它对你真的那么重要。如果不是，重新写下一个让你舒服的数字。

2. 财富目标和OKR一样，随时可以根据实际发生来迭代。

3. 金钱数字与做热爱的事对你同等重要。那么就去创造二者可以兼得的可能性，通过请教高手、和朋友聊天中获得更多的商业灵感。

请记住，现在所呈现出来的所有路径，都只是一个铺垫，它是一个随着我们在探索、行动、试错、反馈的过程中持续动态变化的。完成大于完美，没有一上来就完美的OKR，但是我们即将诞生的OKR 2.0 版本确实是开启行动力的第一步，而这也是能探索出最终人生愿景的必经之路。

人的成长是动态变化的，从每个人的OKR中也能看得出这一点。我们手里现在握着自己写好的个人OKR 2.0版本。它在此刻的最大特征是：不完美。这就说明它仍有非常多的“缺陷”，我们在这一章中的各种真实案例中能看到这一点。因此接下来，你手里2.0版本的OKR即将迎来它的进化和成长，最终在实际行动中收获迭代。

总结一下我们在这一章完成了什么：

1. 梳理了心流与热爱事件，找回与小时候的连接。

2. 根据心流与热爱事件，提炼出了创意事件，为OKR 2.0版本做了铺垫。

3. 初步确定了财富目标，并将创意事件融进OKR中，辅助财富目标实现的同时，诞生了2.0版本的OKR。

小行动

确认自己的年度财富目标，并将这个数字拆解。结合创意事件，生成新的关键路径，最终形成 2.0 版本的年度 OKR。

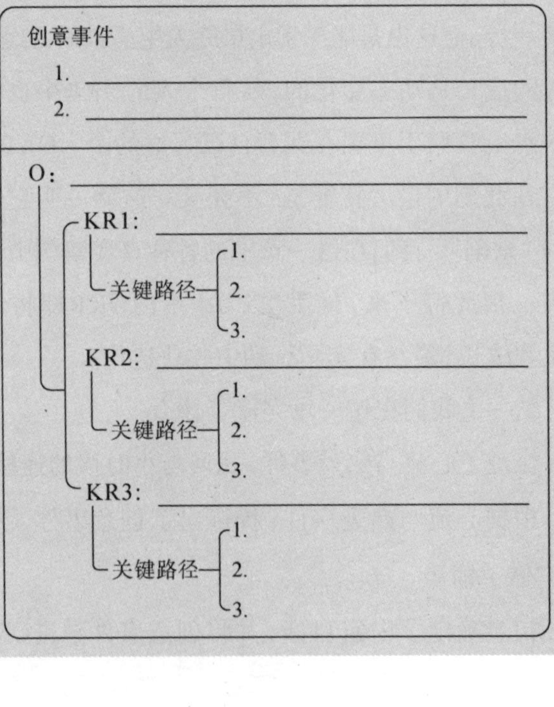

在重要和不重要的事情上做出选择的能力，是你在生活和工作中取得成功的决定性因素。

——[美]博恩·崔西

第6章

用“三把钥匙”开启目标实现之路

不是你不够自律，而是缺少合适的方法

在我陪伴一些伙伴制定和行动OKR的过程中，我发现，在用这个工具的前期，大部分伙伴表现为写完OKR之后，还是继续按照以往行为的惯性去行动，即每天会忙于处理各种突发事件——一场一场的会议、领导突然安排的任务、生活中不期而遇的种种琐事……终于得空，对碎片时间的利用也不是很有章法，神游一会儿，磨蹭一会儿，打开手机看看短视频，看看电影解说，时间一下子没了。一天下来，感觉很疲惫，但是似乎又不知道自己做了什么。日复一日，沮丧地对自己说：啊，我还是没时间完成OKR了。

曾经有位学员开玩笑地跟我说：“嘴嘴，我

终于知道自己之前为什么总实现不了自己的目标了。之前总以为跟宇宙下订单就能实现愿望，现在发现自己居然忘记‘支付订单’，那就是用行动去落地OKR呀！”

下了订单忘记支付，难怪我们的“宇宙爸爸”不给发货。这个比喻真的太形象了，像极了曾经立了flag就倒的我。但是如今情况却大不同，践行这套OKR自律工作法两年的时间，就像获得了阿拉丁神灯，只不过里面那个浑身肌肉的蓝色魔法师就是我们自己，许了愿自己就知道如何一步步实现。

如何落地OKR？答案就是通过正确的时间管理与复盘思维等提高自我效能，自我引导一段时间后，会逐渐重新树立起自己的信念系统，因为在这个过程中，我们会给自己持续的正反馈。随着正反馈的不断积累，我们就有可能将自己的限制性信念系统转换成对实现目标有利的新的信念系统。从而将自己的目标冰山图中的信念与愿景积累得更加扎实，冰山下层越稳固，目标的实现可能性也就越大。

因此我们在这一章将会解决目标管理的以下终极

问题：

1. 如何让OKR持续行动与落地？

2. 掌握自我效能管理的底层原则。

3. 通过自我教练，优化个人信念。

OKR落地之旅：每日任务

OKR的制定和落地有三个重要的时间维度：分别是每日、每周和每月。制定OKR时，我们的关注过程是从每年、每月到每周、每日，落地执行时则相反，关注过程变成了从每日、每周到每月、每年。这两个过程不断地通过复盘、改写进行交互，OKR系统不仅为很多人提供了一种积极的推动力量，它也能够阻止我们朝错误的方向渐行渐远。正如史蒂芬·柯维所说："如果梯子不是靠在正确的墙上，我们所走的每一步都只会让我们更快地到达错误的地方。"及时复盘，让OKR持续迭代且持续落地。

持续行动和落地过程中，每天是任务执行和落地的最小单位周期，我们需要关注和留意每天的行为，或者具体的动作；日复一日，到了周末，又形成一个周期，再以每周为周期，我们需要对行动进行审视；每一个月，我们还需要有一个跟每周不太一样的安排。接下来，我们就详细地来说一下每天、每个周末以及每个月底，具体来做什么样的行为和动作。

我们制定完月度OKR，当月的第一天起，就正式开始了落地之旅。具体的行动为：优先完成三项关键任务、完成情况复盘、对时间进行跟踪、及时给予自己正反馈。

一、拿到三把钥匙：优先完成三项关键任务

三项关键任务的提法源于“三只青蛙”的原理，博恩·崔西在《吃掉那只青蛙》一书中提道：“人生不在于做多少事，而在于把重要的事做到极致。事情是永远做不完的，我们只能有选择地做最重要的事。每天挑出最重要的3件事优先完成，每天花80%的时间和精力吃掉‘三只青蛙’，然后花20%的时间和精力处理杂事，这就是能让我们人生快速出成果的二八法则。”

“三把钥匙”，即每天需要优先完成最重要的三件事。由于在OKR自律工作法中，由目标倒推出关键结果，关键结果倒推出关键路径，关键路径倒推出关键任务，每一个关键二字的出现，都在提醒着我们，需要从万千事情中聚

焦、再聚焦。关键的英文key，一词多义，作为名词使用时，则译为钥匙，谐音“要事”，正好还符合高效能人士的七个习惯中“要事优先”的原则。因此，我称每天的三项关键任务为“三把钥匙”，提醒我们每天优先完成与OKR中关键路径息息相关的三件事（见图24）。

“三把钥匙”	示 例
1.	1. 写一篇文案
2.	2. 修改书稿
3.	3. 完成OKR课程大纲

图 24 写下你的“三把钥匙”

为了拿到这三把钥匙，我会尽力创造出完整的工作时间。例如，比家人提前1-2个小时起床，这样能保证不被打扰，且更容易进入心流时间。早起的时间如果不足以支撑我拿到“三把钥匙”，我还会在白天创造其他较为完整的1-2个小时来完成。一旦拿到这“三把钥匙”，其余的时间我都可以弹性安排。时间管理不是把一整天都提前计划得井井有条，而是给自己预留了足够的弹性时间。

我会在前一天晚上，或者当天一大早，写下这一天要优先完成的三项关键任务——三把钥匙，在一天中，优先去完成这三件事情。优先的意思是对这三件事情，始终要保证优先给予时间和精力。如果，每天优先的这个时间是固定的。比如，工作时间可能就是八点到十点，它是专属于你而不被打扰的，你的时间已经有规律了。但是，因为很多事情本身也有自身的时间表和节奏，同时我们的事情也不止这三件，所以，一天当中，一旦有时间了，比如，到下午一点钟，没有日程安排，正好空下来一个小时，我干什么呢？首先要检查一下，我的“三把钥匙”还有没有尚未完成的。然后，根据情况再安排事项，如果还有尚未完成的钥匙，我就提醒自己去完成或马上去做，这就是优先的原则。一旦有时间，就检查“三把钥匙”的完成情况，务必保证“三把钥匙”处于每日事项的最优先级别。

除此之外，我还会列出其他待办事项（见图25），这些其他待办事项不一定与我的OKR有关，而是心有余力再去完成的事项。这类事项是可以利用碎片时间或弹性时间完成的。此外，在“三把钥匙”拿到后，还可以自愿地挑选想做的事情来完成的。

其他待办	示 例
1.	1. 订机票
2.	2. 确定封面设计
3.	3. 确认“自由森林”活动流程

图 25　其他待办事项

二、完成情况复盘：及时调整，让行动可持续

每一天，都要针对“三把钥匙”完成情况进行一个简短的复盘。“三把钥匙”的复盘目的是，每天都回头审视一下，这“三把钥匙”，今天完成了吗？比如，我写了三个事项，但只完成了其中之一，那么原因是什么？我们需要知道，什么导致我另外的两个没有完成。然后，我在写第二天的“三把钥匙”的时候，就要认真考虑，是要降低它的难度，还是要缩短它完成的时间。

如果我们能及时复盘，通过复盘便能够对我们完成任务的节奏、能够承受的强度，以及需要的合理时间有正确

的把握，经过一个过渡阶段，不断调整，我们的“三把钥匙”就能够都拿到，从而步入稳定的落地阶段，每天都能拿到“三把钥匙”。为什么呢？因为你会对它的难度有意识地调整，你对于自己的时间会更加有掌控感，而不至于每一天写了“三把钥匙”都完成不了。如果我们不复盘，就失去了调适的机会，连续一段时间，如果“三把钥匙”拿不到的话，就容易走向懈怠，最终放弃。所以复盘对我们来说是很重要的。

我们一天结束之前基于时间管理去做复盘，而不是仅仅基于这“三把钥匙”，来评价你完成得好不好。如何来做呢？对于时间管理的新手，建议在前期做好“时间追踪”。

三、时间追踪：时间都去哪儿了？

以下这个图可以帮助我们进行“时间追踪”。大家看到这个“时间追踪”（见图26），千万不要以为，这是让大家提前把时间规划得很完美，或者是规划安排得满满当当。

你的时间追踪		示 例	
05:00		05:00	
06:00		06:00	
07:00		07:00	
08:00		08:00	
09:00		09:00	三把钥匙
10:00		10:00	
11:00		11:00	
12:00		12:00	讲 课
13:00		13:00	
14:00		14:00	
15:00		15:00	开 会
16:00		16:00	
17:00		17:00	
18:00		18:00	语 音
19:00		19:00	微习惯
20:00		20:00	
21:00		21:00	
22:00		22:00	
23:00		23:00	

图 26　时间追踪

“时间追踪”并不是做规划，对我们来说，未来的时间分配是未知的。不要去刻意给它做安排。例如，对于明天，给具体的事情安排具体的时间。为什么叫追踪？追踪，意味着这个时间已经经过了。这时，去回头看看我们做了什么？它是一个记录，是一个滞后记录的过程。

为什么要做滞后记录呢？我们常常会有这样的感觉，一天忙活下来，做了什么却不知道，就是感觉今天好累，感觉自己也没有闲着。很多人有这种感觉——忙碌了一天，但是如果问他具体干什么了，他一时也无法回答。比如，一天过去了，我的“三把钥匙”没拿到，为什么呢？开始回顾一下吧。从九点到十点，我躺床上刷了一个小时的抖音，然后两点到三点，我吃完饭，开了个会，又躺床上刷一会儿小红书。类似这些时间，我们要给它记录下来，有点像记账，知道时间花哪儿了。有了这个意识之后，其实是起到了一种觉察的作用。我们就会意识到，原来我这一天有很多时间是可以被利用起来的。然后，我们会对于时间有更强的一个掌控感。

“时间追踪”是我们所作的滞后记录，此外，还有一个前置书写的，就是我们的微习惯，这个时间就固定在这儿了。

我们每个月需要给自己制定三个微习惯，每天用固定的时间去完成。比如，每天八点到八点半是瑜伽，这个时间你要把它固定好，也可以提前写出来，提醒自己。

四、给自己一个肯定语句：及时给予自己正反馈

闺蜜有一次无奈地跟我说：我真不知道OKR的意义到底是什么？！一问怎么了，才知道原来她们部门把每次的OKR复盘会都开成了“自我批评大会”，每次开完复盘会，部门里所有人都垂头丧气的。试想一下，如果自己在实现目标的过程中只能看到自己的不足，那岂不是越做越没劲。《驱动力》的作者丹尼尔·平克说，“对于个体来说，最大的激励因素是‘在工作中取得进步’”。反思是需要的，但更需要的是——明白反思的功能。反思的重要目的是了解进度和持续加油。因此，在反思之前，需要先自己看见自己的努力和成绩，如果没有外界给自己反馈，就养成自己给自己正反馈的习惯。因此，每日任务中还有个重要环节叫作给自己一个肯定语句。

我们可以把每一天想象成自己在播种种子，那么，你今天为自己播种下了什么种子？比如，今天我“三把钥匙”都完成了。我感受到了自己对于人生的掌控感，那就可以把这种感受写下来。我们每天都在给自己播种不同的种子，今天你播种了什么种子，记得及时对自己进行肯定，给自己及时确认。这是与实现目标拿“三把钥匙”同样重要的。

对于每一天，我们要如何去落地OKR，以上分享了四个底层方法，这些方法需要彼此结合起来，融汇在我们每一天的行动中。接下来，我们来看每周任务。

每周任务

每周很重要的一个任务是：及时复盘和迭代。通过复盘发现问题和情况（见图27），并及时反应进行OKR的迭代。

本周做了哪些事？（尽可能多地列出来，不限于与月度OKR相关）

1. 确认了OKR新书最终的定位、主题、书名、大纲
2. “撰喜生活”正式上线，团队搭建完成
3. 与“森林居民”共创了图书馆名称
4. 参与了“自由森林”的亲子活动
5. “自由森林”读书会运营

（其中哪些与月度OKR相关，请标记出来）

写下本周OKR落地过程中的三大亮点

1. 团队间磨合有了初步成效，我和大家都信心十足
2. 与人沟通及时，因此获得了更多灵感
3. 对于KR1的行动路径更加清晰（删掉两个用不上的）

回顾：本月OKR是否需要迭代？

☐ 否

☑ 是　（如是，请在月度OKR页写下新版本）
原因：KR1和KR2行动路径需要迭代，KR3会替换成难度较低的

图 27　周复盘示例

复盘的流程，第一步是列下这一周做过的事情，注意不仅限于与OKR有关的事项。也就是说，我们这周做了什么事儿，把能想到的全都写下来。为什么呢？因为经常会发生这样的情况，就是我们写下了月度的OKR，然后，我们每天按照写下的任务拿“三把钥匙”去执行，结果发现时间过去之后，这一周我好像没有做什么让OKR推进的事情，尽管我每天也在拿“三把钥匙”。实践中，是会出现这种情况的，但是你只要写下来，去执行并及时复盘，就会发现，原来自己做的事情跟OKR不是那么有关。

还有种情况是，我们会发现其中一个KR的一个关键路径，已经占据了大部分的时间，以至后面几步可能来不及做了。当你写下了所有事情，并进行审视之后，你就会知道自己相应处于什么状态，面临什么情况，并及时分析出是什么原因。以上这是信手拈来举几个例子，其实到了这一步，你可能就会有觉察了，你会发现我需要调整、迭代OKR了。因为已经写下的KR不是我想要的。我要的KR，以及还有一些重要的事情，虽然我没有写到OKR中，但那是我花了很多时间去做的。所以，那个可能就会成为我下半个月的OKR，我会去迭代本月的OKR。

这些是实际中会真实发生的情况，在我长期对一些小伙伴进行辅导的过程中，我发现，很常见的情况是这周每天干的事儿，其实跟后面的两个KR没太大关系。原因要么是你自己没那么想要做；要么是你时间精力不允许，却把自己的进度想得太快了，实际上一步一个脚印走时，发现没有那么快。所以，你需要及时复盘，把所有做的事情先写下来，然后再标记一下你做的每一件事情，哪些跟月度OKR有关，你自然心里就会有一个判断，在回顾中感受这周时间精力花费与KR的匹配度。这就是判断这周做的事情，跟OKR匹配度高不高。

接下来的一步，写下本周OKR落地过程中的三大亮点。三大亮点，就是你做得好的地方，找亮点的时候可以不用只思考时间维度，可以多去思考，你在落地过程当中行为的一些细节。比如，我在社群里的表达更加得心应手了，这就是一种比较细腻的亮点；或者，我对于OKR的掌控感越来越强了等。自己总结出三大亮点，其实也是在自我肯定。我们在复盘的时候，对于过去的行为进行自我肯定是很重要的，而不光是说我将要怎么提高。其实对于每周来说，去写怎么提高，意义并不是很大。我们每周很重要的一个事情，其实在于迭代我们的月度OKR。如果需要迭代的话，我们就写一个2.0版本的月度OKR。所以每一周只要复盘到位，迭代是很常见的。

月度任务

先说制定OKR，月度OKR的制定需要参考当年的年度OKR（注意年度OKR也是可以随时迭代的，以当前版本为主即可），并且与年度OKR高度关联。我们在制定新的月度OKR的时候，同时要写下3个微习惯。因为我们在制定年度OKR的时候，就是在一年开头的时候，根据生命星光轮，每一个板块都写了3微习惯，加起来一共是15个微习惯。我们便可以从15个微习惯里摘出几个在这个月去完成，去养成的，建议数量控制在3个以内，即在月初需要完成当月OKR1.0版本的制定以及列出1–3个具体要养成的微习惯。

根据个人习惯，在每个月初，或者在前一个月月末，提前制定下一个月的OKR，把它标记为×月OKR1.0版本。在每个月的最后一天，对刚刚过去的这个月进行较为完整的复盘。如前所述，对OKR的复盘不仅仅在于月底这一次，而是每周都需要重新审视OKR，并及时迭代调整。

接着是月度复盘（见图28），月度复盘则是按照先发散后聚焦的逻辑，对以下几个问题进行回答：

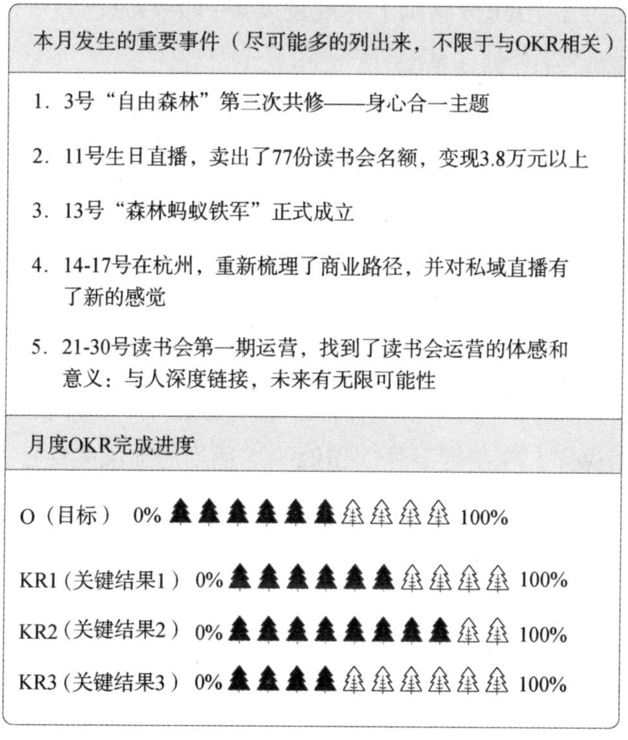

图 28　月复盘示例

请列出本月做过的事情，尽可能列详细一些。

回顾本月最后一版OKR，在已经完成的关键路径前画钩。

为三个KR分别画上完成进度条，如果KR已经中途放弃或被迭代，默认是0。

将三个KR的进度条数字加权平均，画出O的实现进度条。

通过目标O最终的进度条，我们会发现完成度有几种可能性：

1. 75%–100%：首先恭喜你，这个月很专注地在实现目标，不过需要审视当月OKR的挑战性是否偏低，整体是否偏保守。在制定下月OKR时不妨适当增加挑战性。

2. 50%–75%：如果我们本月都在专注地落地OKR，那么这个比例其实刚刚好符合我们所说的“不舒服的兴奋感”，目标O对你而言会充满挑战性。对于下个月的OKR制定，需要继续保持这种挑战性，并对结果保持正向的期待。

3. 50%及以下：如果我们完成率不到一半，有两种可能：一是目标制定过高，二是大部分的时间并没有花费在完成OKR上，对于这两种情况需要有所觉察，然后便可知道下个月是在制定时该有所调整，还是该在每天的时间跟踪上有所记录。

对于月度复盘，每个月我们需要列出做了哪些事情，不过，值得注意的是，月度复盘与每周复盘，不是重复的。因为每周做事情，相当于是一个过程。而将时间维度拉长到一个月，呈现的其实是更像一个结果。我们看拿到了哪些结果，做了哪些事儿，可以不局限于OKR。这个步骤的目的是什么？一个很纯粹的目的是让我们看到，我们都做了什么。尽管我们可能在前两三个月会发现月度OKR完成得很少，但我们进行复盘时，要写下本月都做了哪些事儿，写出来就可以给自己一个肯定，因为即使你月度OKR没有完成，你的时间并没有白白流走，你的时间是花在其他地方，做了其他事情。把那些事情写下来，因为我们的生活不是只有要完成目标。写下来就会让我们清楚地知道，原来自己这个月做了这么多事情啊！

月度复盘不是基于自我批评，而是基于对自我的觉察。现在，有一些企业会把OKR当成一个小组内的自我反省的批评工具。很多企业的现状是拿着OKR说，你哪里做得不好，哪里做得不够，哪些任务为什么没有完成？整个过程成了在倒逼员工做自我否定。OKR不是变相的KPI，很重要的一点是，首先我们一定要看见自己，要给自己摁一个确认键，哪怕我完成的很少，但是我做了这么多事情。而且你会在边看的时候，边思考你对应的生活是什么样的。所以能多给自己肯定时，要多给自己肯定。肯定完之后，我们来面对现实——就是看月度完成进度。

对于KR1、KR2、KR3的完成进度做一个评估，可以设计一个可视化的进度观察工具，如十棵小树，每棵小树分别代表着百分之十。比如KR1，我要招募50个人，最后我招募了25个人，那KR1的进度就是50%。如此一来，KR1、KR2、KR3的完成进度是非常可视化的。对KR的评价，简单来说就是，通过措施，实现可度量结果。具体来说，在此它需要符合“SMART原则”（S=specific，指绩效考核要切中特定的工作指标，不能笼统；M=measurable，指绩效指标是数量化或者行为化的，验证这些绩效指标的数据或者信息是可以获得的；A=attainable，指绩效指标在付出努力的情况下可以实现，避免设立过高或过低的目标；R=relevant，指绩效指标是与工作的其他目标是相关联的；绩效指标是与本职工作相关联的；T=time-bound，注重完成绩效指标的特定期限)，它是有具体数字衡量的。在我们画完了三个KR进度之后，你就会知道，目标完成了百分之多少，对目标的完成度心里有数了。接下来是对本月的一个思考，梳理总结出本月三大亮点，写出下个月月度OKR，以及落地时需要改进的三个点。总之，我们在复盘的同时要制定下一个月新OKR了。

根据我的经验，下一个月月度OKR的制定，基于上个月OKR的复盘，肯定有可吸取的内容。比如，根据上个月的完成情况，你会对自己说，我在制定下个月OKR的时候，难度可能会适当降低。或者，某些事情原本是一个KR，根据情况需要把它拆成两个KR。因为行动过后再复盘，就会对所做的事情更有直观的、可预测的感觉。

这就是每个月要做的事情的具体步骤。

关注当下，享受过程

我们需要强调的是，在写月度OKR时，微习惯也同时写好，微习惯的养成贯穿于每一天的执行。每日复盘时，对微习惯进行打卡，只要今天完成了，你就打个钩。比如，今天你做五个呼吸练习。做过五个呼吸练习，你今天完成了，就打上钩。这个标记是从自然日期1日到31日一一对应着的。

以上就是我们的每日、每周、每月践行的OKR自律工作法。这个工作法中三个非常关键的工具分别是：OKR、微习惯，以及“三把钥匙”。

经过本书的介绍，现在我们看到这三个工具，第一可能会想：我们真正的目标到底是什么；看到微习惯，我们能够想到生命星光轮，想到找到生命的韵律，想到的是平衡；看到“三把钥匙”就会想到，每天三项重要任务的完成，每天的落地。

这样的话，每天要时刻关注到我们的OKR是什么，要根据OKR去聚焦精力，去专注执行，去一一完成。所以，总结一下OKR自律工作法，就是以平衡人生为最终目的，结合目标管理与微习惯养成，通过每日行动，拿到“三把钥匙”，最终收获符合自我韵律的工作与生活方式。这个就是我自创的工作法。

对于这个工具，我在自我管理、自我效能管理的维度上面做了很大的延伸。我自己以及身边伙伴的应用和反馈，让我对OKR自律工作法的认知越来越深入。通过这个自律工作法，我最想表达的是，我们要注重过程，享受当下，拿回属于我们的人生掌控感。

注重过程，是要注重整个KR的实现。我们怎么过好每一天，就是怎么过好我们的一生。大家还记得我们每一天复盘的过程吗？那就是我们的每一天。我们进行时间追踪，其实就是我们生命微观的一个表达。所以，应该享受每一个当下。每一天拿到“三把钥匙”，或者说如呼吸般形成微习惯，在这个过程当中，我们是否都能够活在当下？如果是肯定的，其实我们已经掌握了人生幸福的终极法则。生命本该如此，不是说我们愁眉苦脸，绷着神经，然后一直到最后，实现了目标，才允许自己开心。在应用OKR自律工作法这个工具时，我们会感受到，一份优秀的OKR是具有魔力的，它可以自带驱动力，让我们把重心从“想”落地到“做”。日复一日，长此以往，其实我们就会有一个掌控感，那是什么呢？你会发现，但凡写下的OKR，你对于它实现与否，心里会有一个预期，而且这个预期与实际发生的不会差太多。

对于新尝试这个工具的人来说，开始会有一些不确定性，会有一些自我怀疑，这都很正常。要拿什么去给它修正，答案就是用行动去修正，而行动也一定会给你肯定的答案。

OKR 常见问题答疑

一问 | 1.0版本的年度OKR与2.0版本的OKR差别在哪里？

答：OKR自律工作法的特性之一是迭代性。随着我们认知的提升和实践的深入，我们对想要过什么样的人生，思考得更清晰，更通透。用OKR这个工具实现目标，也是我们人生渐悟和践悟的过程。当我们写下1.0版本OKR时，写下的是我们脑子里认为自己需要去做的事，而2.0版本的OKR经过心流与热爱的探索后，更贴近于内心渴望去做的事。因此，1.0版本与2.0版本OKR之间最大的区别，一个是“用脑”，一个则是“用心”。前者容易陷入“我也知道要这么做，但就是不想动”的拖延状态，而后者由于更贴近真实的需求，因此在行动时会具备更高的自驱力。

二问 如何认识生命星光轮中“事业与成长”和“财富与资产”之间的关系？

答：我们可以简单地理解为一个是在努力创造“主动收入”，另一个是在为创造“被动收入”做准备。与创造主动收入有关的OKR属于“事业与成长”板块。着重被动收入构建的则属于“财富与资产”板块。这样设计两个生命板块也是为了提醒我们，不要将自己当成一个“赚钱机器”，而是要为财富自由做准备。这意味着我们在有收入的那一刻，就可以为自己积累能“钱生钱”的优质资产。

三问 | 年收入目标数字如何体现在OKR中？

答：这个数字不需要出现在目标O中，可以出现在KR中。我们在制定事业方面的OKR时，需要先制定一个“财富与资产”相关的数字目标，即具体的年收入目标。例如，年收入目标数字是50万，这时，50万这个数字不要出现在目标O里，而是需要根据50万这个数字去拆分到关键结果KR中。毕竟赚1万元与赚10万元背后的行动路径是不相同的，需要根据关键结果来确定具体的行动路径。因此，除目标导向以外，我们还需要用数字结果去倒推行动路径。这个数字是作为关键结果，是“果”，你对这件事的愿力以及热爱和行动力才是“因”。因此，这里小小的建议是：在行动过程中放下对数字的执念，投入于每件事本身，只要行动方向没问题，结果自然水到渠成。

四问　在落地OKR的过程中，我会发现自己做的很多事情跟写下的OKR并没有关系，这时候我应该怎么做？

答：要分析是什么原因导致这样的结果，然后对症下药。OKR制定好之后，并不意味着它就一定是占据我们大部分时间和精力的事，它是同时具备重要又紧急的属性和需要发挥创造力的事。如果我们本身就因为其他事情占据了大部分时间，例如，有自己的主业，想要用OKR来制定热爱的副业目标，或者白天大部分时间在带娃，想用空闲时间发展个小事业，这都意味着自己会做很多跟OKR本身无关的事情。

如果不是上述情况，也就是说，在制定好OKR之后，就想着自己要专注，要把大部分时间给到它，但操作起来发现不是那么回事。那么我的建议是，首先，养成每日记录“时间追踪”表的习惯，对于自己的时间去向做到心中有数，一旦有了这第一步觉察，其实后面自然会有行动上的调整。其次，再思考一下，这些事情是否真的跟OKR完全无关，有时顺藤摸瓜，会发现其实他们底层相关，只是之前忽略了。最后，可以考虑适当降低下个月OKR的完成门槛，或者将KR进一步拆分。这样会让自己更早得到来自结果的正反馈，激发下次优先去完成与OKR贴合度更高的事。

五问 | 如何理解OKR的一部分意义是帮助人们进一步探索愿景？

答：有句话叫“以出世心做入世事”，找到愿景需要“福气”与“运气”的积累。我们在开头提到了“心想事成”的力量。这份力量不是靠多么高明的目标管理技巧获得的，而是靠踏实做好眼前事。梳理OKR的过程，其实是帮我们回顾过往，站在未来去看，对我们而言，真正重要的是什么。这是一个“断舍离”的过程，而不是“列清单”的过程。当我们足够笃定自己的注意力放在哪里之后，就可以在短时间内丝滑地给自己按下行动键。认真对待生活、踏实做好眼前的工作，这便是积累“福气”和“运气”的过程。时机到了，OKR自然会跟着迭代，迭代到更贴近自己内心的那个画面。

附　录

年度OKR YEARLY OKR

请结合生命星光轮本年度要专注的领域，写下本年度的OKR。

O（目标）

KR1（关键结果1）

KR2（关键结果2）

KR3（关键结果3）

- KR1关键路径
  - ○
  - ○
  - ○
- KR2关键路径
  - ○
  - ○
  - ○
- KR3关键路径
  - ○
  - ○
  - ○

年度微习惯 YEARLY MINI HABITS

事业&成长
CAREER & PERSONAL GROWTH

☆

☆

☆

财富&资产
WEALTH & PROPERTY

☆

☆

☆

外表&健康
FITNESS & HEALTH

☆

☆

☆

关系&幸福
RELATIONSHIP & HAPPINESS

☆

☆

☆

能量&内在
ENERGY & INNER PEACE

☆

☆

☆

月度OKR MONTHLY OKR

Year______Month______Ver______

O (目标)

KR1(关键结果1)	KR2(关键结果2)	KR3(关键结果3)
KR1关键路径	KR2关键路径	KR3关键路径
○	○	○
○	○	○
○	○	○

Year______Month______Ver______

O (目标)

KR1(关键结果1)	KR2(关键结果2)	KR3(关键结果3)
KR1关键路径	KR2关键路径	KR3关键路径
○	○	○
○	○	○
○	○	○

MORNING

今日标题

日期/DATE

三把钥匙 KEY TASKS

- ○
- ○
- ○

其他待办 TO-DO LIST

- ○
- ○
- ○

三把钥匙复盘 REVIEW

时间追踪 TIME TRACKER

（记得拥抱你的微习惯哦 ☺）

05:00

06:00

07:00

08:00

09:00

10:00

11:00

12:00

13:00

14:00

15:00

16:00

17:00

18:00

19:00

20:00

21:00

22:00

23:00

很棒的一天/灵感记录

月复盘 MONTHLY REVIEW

Year______Month______

本月发生的重要事件（尽可能多的列出来，不限于OKR相关）

月度OKR完成进度

O（目标） 0% 100%

KR1（关键结果1） 0% 100%

KR2（关键结果2） 0% 100%

KR3（关键结果3） 0% 100%

写下本月OKR落地过程中的三大亮点

对于下月OKR制定和落地时需要改进的三个点

周复盘 WEEKLY REVIEW

_____月第_____周

本周做了哪些事？（尽可能多的列出来，不限于月度OKR相关）

（其中哪些与月度OKR相关，请标记出来）

写下本周OKR落地过程中的三大亮点

回顾：本月OKR是否需要迭代？

◯ 否

◯ 是　　**原因：**

如是，请在月度OKR页写下新版本

参考文献

1.［美］克里斯蒂娜·沃特克:《OKR工作法:谷歌、领英等顶级公司的高绩效秘籍》,明道团队译,中信出版社2017年版。

2.姚琼编著:《OKR使用手册》,中信出版社2019年版。

3.［美］博恩·崔西:《吃掉那只青蛙》,王璐译,机械工业出版社2017年版。

4.李中莹:《重塑心灵》,北京联合出版公司2015年版。

5.［日］吉田穗波:《吉田医生哈佛求学记》,田苗译,北京时代华文书局2015年版。

6.［美］斯蒂芬·盖斯:《微习惯》,桂君译,江西人民出版社2016年版。

7.［美］麦克斯威尔·马尔茨:《心理控制术》,洪友译，群言出版社2007年版。

8. [美]温迪·伍德《习惯心理学》，李宗菊译，机械工业出版社2021年版。

9. [日]佐藤航阳:《财富的未来》，殷雨涵译，中信出版社2019年版。

10. [日]本田健:《思考成就人生》，曹莺译，中国青年出版社2019年版。

11. [美]米哈里·契克森米哈赖:《心流：最优体验心理学》，张定绮译，中信出版社2017年版。

12. [马来西亚]维申·拉克雅礼:《生而不凡：迈向卓越的10个颠覆性思维》，陈能顺译，机械工业出版社2018年版。

13. [美]比尔·博内特:《斯坦福大学人生设计课》，周芳芳译，中信出版社2017年版。

14. [美]约翰·杜尔:《这就是OKR》，曹仰锋、王永贵译，中信出版社2018年版。

后　记

本书写作目的是，将认知与行动统一起来，按照OKR自律工作法的流程，手把手带你实操。相对于一般书仅用来阅读，这本书最大的特色在于，不仅是阅读之书，更是行动之书。在此要特别提醒的是，每章结尾处的“小行动”非常重要，这是我特意设置的一种不太费力，但是能带你动起来的方式，让你在阅读时就能行动起来。当你一边阅读本书，一边按照这些“小行动”付诸行动的时候，就是你带着自己全新的人生地图作探索的开始。

我们先从重新认识目标开始，目标这个词我们耳熟能详，当制定了目标不能实现时，到底是哪里出了问题？我们拨开日常思维的迷雾，探索目标的本质，并尽可能看到人生更多的面向。本书用两章来阐明，目标不是平行化地堆砌和罗列清单，而是首先分清轻重缓急，用大部分的注意力去实现最重要的那一个，基于此制定OKR。同时，以活出平衡人生为追求，我提出了“生命星光轮”模型，展示生命中的多种面向，并采用微习惯策略。如先哲梅因所说，“习惯是一条巨缆——我们每天编结其中一根线，到最后我们最终无法弄断它”。用“OKR+微习惯”，可以更好地助力实现人生长期平衡的状态，同时能在人生特定阶段实现特定的重要目标。

关于落地，我会告诉你，想要让我们写下的目标离自己越来越近，需要每天坚持在面对一系列的待办事项时，优先去拿到跟当月OKR有关的“三把钥匙”。假如我们与最终目标的实现之间隔着上百道“锁”，那么这“三把钥匙”就能够帮助我们每天都打开跟目标息息相关的其中三把锁。什么钥匙开什么锁，这样能够保证我们在落地目标时是聚焦的，不会跑偏。这里会涉及时间管理思维及复盘思维，不仅可以帮助我们做好OKR的落地，在日常生活中的运用也可以举一反三。

这本书另一个特色在于，拓宽OKR的应用场景。当OKR从我们所熟悉的企业端应用降维到个体应用后，其实会发挥更多的创造力和更多的自主权。记得曾经在杭州出差的某一天，傍晚我跟朋友在酒吧小酌，恰好听到旁边一桌的“吐槽”，原来是某大厂新入职员工们在抒发着对于不知道如何写OKR的各种纠结情绪。所以，如果你是职场人，这本书会让你把注意力回归到自己身上，学会用工具为自己的工作赋能，用OKR加持本职工作，或者唤醒下班后的自我充电时间。如果你是自由职业者，或者像我一样是“数字游民”，那么这些内容则会通过各种案例让你看到人生的不同活法，帮助你应用OKR由远到近，像导演一般，设计自己的人生。

做滋养内心的事业，过有趣自在的人生，遇到心想事成的自己，让我们一起启程吧！